일러두기

1. 이 책에 등장하는 외국 인명과 지명은 가능하면 한글어문규정의 외래어 표기법을 따랐습니다.
   단, 인터넷 검색 빈도가 높거나 자주 사용해 온 인명이나 지명은 통용되어 온 표기를 따랐습니다.
2. 책 제목은 《   》, 잡지나 신문, 논문 등은 「   」로 각각 표시했습니다.

프로이트
:아웃사이더의 심리학

차례

"지그문트 프로이트는 과학적인 배경을 가진 소설가였다. 하지만 그는 자신이 소설가였다는 사실을 몰랐다. 프로이트 이후의 다른 모든 심리학자며 정신과 의사 나부랭이들도 프로이트가 소설가였다는 점을 알지 못했다."

존 어빙,
《일하는 작가들: 파리 리뷰 인터뷰 Writers at Work: The Paris Review Interviews》, 1988

Sigmund Freud was a novelist with a scientific background. He just didn't know he was a novelist. All those damn psychiatrists after him, they didn't know he was a novelist either.

지그문트 프로이트는 철학자들 가운데 아마도 가장 많은 수수께끼를 간
직한 인물일 것이다.

그는 정신 분석학의 아버지로, 무의식의 개념을 소개함으써 우리로 하여
금 인간 정신의 어두운 영역을 탐구하게 이끌었다. 무엇보다 그는 꿈과
의식의 흐름을 분석하는 방식으로 유명하다.

그는 또한 정신병에 대한 태도를 획기적으로 바꾸어 놓았다. 생리학적으
로 문제가 있거나 도덕적으로 타락하거나 심지어는 악마의 소행이라고
배척당했던 영역에 대해, 프로이트는 심리적인 부조화를 발견하고 다룰
수 있다는 희망을 주었다.

그는 명석한 인습 타파주의자로서 기존의 지혜를 전복시키고 통설에 의
문을 제기했다. 타고난 아웃사이더였던 프로이트는 사회적인 엘리트와
지적인 만족에 두려움 없이 도전했다.

그의 생각은 보다 광범위한 문화에 파고들었다. 영화, TV, 음악과 문학에
그의 생각이 스며 있으며, 수많은 강의 프로그램에서 프로이트의 심리학
을 가르치고 있다. 우리의 언어 표현에도 프로이트가 스며들었다. 일상적

인 대화에 무의식, 자아, 리비도, 오이디푸스 콤플렉스, 남근 선망, 프로이트의 말실수 Freudian slip, 정신과 의사의 소파, 항문기 등의 단어가 튀어나오는 것은 그 덕분이다. 프로이트는 이제 그 이름 자체가 형용사와 같은 위상을 가지고 있다.

우리는 프로이트가 내놓은 개념들 덕분에 우리가 세상을 다르게 보게 되었다고 해도 과언이 아니다. 그는 우주, 사회, 신학 등 우리 주변의 세상과 구조물에서 눈을 돌려 우리 안의 정신을 바라보게 만들었다. 심리학자이며 프로이트 학자인 존 킬스트롬 John Kihlstrom 은 이렇게 말했다.

"아인슈타인이나 왓슨, 크릭보다도, 히틀러나 레닌, 루스벨트나 케네디, 피카소와 엘리어트, 혹은 스트라빈스키보다도, 비틀스나 밥 딜런보다도 현대 문화에 프로이트가 끼친 영향력이 심오하고 오래 지속되었다."

그러나 그가 남긴 유산은 여전히 우리를 혼란스럽게 한다. 1939년 그가 세상을 떠난 뒤로 그의 업적을 앞질러 과학이 발전했다. 프로이트가 과학적인 사실로 파악하려던 것이 종종 추측이나 의견으로 드러났다. 이드 id, 자아, 초자아, 정신 성적 발달 psychosexual development 모형, 꿈 해석의 이론 같은 근본적인 원리들이 대체로 신뢰도에 손상을 입었다.

알베르트 아인슈타인은 그에 대해 이렇게 말했다.

"그에게는 예리한 비전이 있었다. 자기 자신의 생각에 대한 종종 과장된 신념을 제외하고는 어떠한 착각에도 빠지지 않았다."

그래서 프로이트의 이론이 오늘날 직접적으로 치료에 이용되는 경우는 드물다. 그러나 정신에 대한 과학적 탐구 면에서 그의 역할은 무시할 수 없다. 그의 업적의 많은 부분이 불완전하고 때로는 틀린 것으로 드러났지만, 정신 과학 연구에 새로운 에너지를 부여했고 그것이 발판이 되어 현재 우리를 이롭게 하는 발전이 가능해졌다.

최근 프로이트의 전기를 쓴 애덤 필립스에 따르면 프로이트는 "우리가 얼마나 기발한 방식으로 자신에 대해 무지한지 보여 준다."

그렇다면 프로이트를 현재의 의미로 과학자가 아니라 문화적 아이콘으로 보라고 조언할 만하다.

유명한 문학평론가 해럴드 블룸은 프로이트를 이렇게 표현했다.

"지그문트 프로이트는 오늘날에도 여전히 영향력이 있다. 하지만 과학자나 치료자로서 그런 것이 아니다.

프랜시스 크릭은 프로이트가 아주 훌륭한 산문 스타일을 쓴 빈의 의사였다고 했지만 재미있게도 그 말은 전혀 적절하지 않다. 프로이트는 프로스트와 조이스의 자질을 공유하기 때문에 중요하다. 그들에게는 인지적인 통찰력과 화려한 문체와 지혜가 있었다."

반면 프로이트의 개인 생활은 복잡하고 흥미진진하다.

그는 내적인 모순이 많은 인물이었다. 유대인으로서 영향을 많이 받은 무신론자, 가까운 친구였다가 사나운 적이 된 사람, 부와 명예를 갈구했지만 부와 명예 때문에 생긴 제약에 분개했던 사람이었다. 결혼 생활은 50년간 지속되었으나 (이런 일은 대체로 '집안에서만' 알고 있었음에도 불구하고) 결혼에 충실하지 못했다는 증거가 있다.

한편 그는 직업 세계를 통해 자신을 깊이 들여다보게 되었다.

1905년에 쓴 글에서, 그는 "나처럼 인간이라는 짐승 안에 사는 반쯤 길 든 악마의 가장 악한 부분을 끄집어내고 그것과 싸우고자 하는 사람은 아무도 그 투쟁이 순탄하기를 기대할 수 없다."고 말했다.

그의 일이 가진 본질로 인해 그는 세상에 자신의 무언가를 드러내야 했다. 그 자신이 논문의 주제가 되었다. 그러나 그는 전기 집필 방식을 취하지 않고 자신의 프라이버시를 지독하게 지킨 것으로 유명하다. 그래서 '진짜' 프로이트에게 다가가기는 항상 흥미로우면서도 힘든 도전이다.

이 책을 통해 우리는 프로이트가 평생에 걸쳐 소개한 '대단한 아이디어' 여러 가지를 필수적으로 탐구하게 된다. 그렇지만 원작 형태로 그의 저작을 읽지 않아도 되는 대용물을 제공하려는 것이 아니다. 어쨌든 대부분은 읽을 만한 탁월한 저작이다. 예를 들어, 프로이트는 '명료하고 흠 없는 문체'로 1930년 괴테 문학상을 받았다. 이때 프로이트는 과학적 통찰이 아니라 글쓰기로 인정을 받았다는 사실에 화를 냈다고 한다.

이 책은 단순히 인간 프로이트를 탐구하고자 한다. 그의 성격, 영감, 동기, 아이디어와 기법들을 살펴본다. 우선 프로이트가 전 미국 대통령 우드로 윌슨의 심리 연구를 담은 책을 소개하기 위해 1932년에 쓴 글을 인용하고자 한다. 그 글은 어쩌면 자기 자신에 대한 것일지도 모른다.

바보, 선각자들, 망상에 시달리는 사람들, 신경증 환자, 정신병자들은 우연히 태어난 것으로 주권을 부여받았을 뿐 아니라 인류의 역사에서 항상 위대한 역할을 해 왔다.
대개는 그런 사람들이 큰 혼란을 초래했지만 항상 그렇지는 않았다.
그런 사람들은 자기 시대와 다음 세대에 장기적인 영향력을 행사하고, 중요한 문화적 운동에 자극을 주었으며 위대한 발견을 했다.
그들은 비정상적임에도 불구하고 자신들의 성격에서 온전한 부분 덕분에 그러한 성취가 가능했다.
하지만 다른 한편으로는, 바로 그들의 성격에 깃든 병적인 특성, 편향된 발달, 특정한 욕망이 비정상적으로 강화된 점, 하나의 목표를 향해 무비판적이고 거리낌 없이 나아가는 성향 덕분에 다른 사람들을 이끌고 세상의 저항을 극복하는 힘을 가지게 된 것이다.

특별한 인생의 주요 사건

1856	오스트리아 공화국 모라비아의 프라이베르크에서 1856년 5월 6일 출생
1860	프로이트 가족이 라이프치히에서 잠시 머문 다음 빈으로 이사
1865	레슈폴트슈타트 공립 김나지움Leopoldstadter Communal Gymnasium 입학
1873	빈 대학에서 괴테의 '자연에 관하여' 에세이 강의를 듣고 의학을 공부하기로 결심
1876	에른스트 브뤼케Ernst Brucke의 실험실에서 일하기 시작
1881	8년이라는 긴 시간을 지나 의학박사로 빈 대학 졸업
1882	마르타 베르나이스Martha Bernays가 프로이트와 결혼하기로 동의
1883	티오도어 마이네르트Theodor Meynert의 정신 병원에 근무하기 시작함
1884	코카인의 의학적 효과에 관한 연구를 시작함
1885	장 마르탱 샤르코가 파리의 살페트리에르 병원에서 프로이트의 멘토가 되어 최면을 소개함
1886	개인 병원을 열고 마르타 베르나이스와 결혼
1887	딸 마틸다 태어남, 빌헬름 플리스와 친구가 되다
1889	아들 장 마르틴 태어남
1891	프로이트의 첫 책《실어증의 이해On Aphasia》출간, 둘째 아들 올리버가 태어남
1892	셋째 아들 에른스트가 태어남

1893   딸 소피가 태어남

1895   프로이트와 요제프 브로이어가 《히스테리 연구Studies on Hysteria》를 출간, 딸 안나 태어남

1896   프로이트의 아버지 야콥 사망, 프로이트가 '정신 분석'이라는 용어를 처음으로 사용

1897   3년간의 자기 분석에 착수

1899   《꿈의 해석Interpretation of Dreams》 출간

1900   '도라' 치료를 시작

1902   빈의 프로이트 집에서 수요 심리학회가 설립되다

1904   프로이트가 오이겐 블로일러Eugen Bleuler와 서신 교환을 시작

1905   《농담과 무의식의 관계Jokes and Their Relation to the Unconscious》, 《성욕에 관한 세 편의 에세이Three Essays on the Theory of Sexuality》, 《히스테리아에 대한 분석의 단편Fragment of an Analysis of a Case of Hysteria》('도라' 분석 소개)이 출간되다

1907   처음으로 카를 융Carl Jung을 만나다

1908   정신 분석에 대한 첫 국제 회의가 잘츠부르크에서 열림

1909   「5세 소년의 공포증 분석Analysis of a Phobia in a Five-Year-Old Boy」('꼬마 한스' 소개)와 《강박적 신경증 사례 고찰Notes Upon a Case of Obsessional Neurosis》('쥐 사나이' 소개)가 출간됨, 카를 융, 산도르 페렌치Sandor Ferenczi와 함께 미국 여행

1910   국제정신분석학회International Psychoanalytical Association 설립

《레오나르도 다빈치와 유년의 기억Leonardo da Vinci and a Memory of his Childhood》 발간

1911   프로이트와 알프레드 아들러Alfred Adler 사이에 불화가 싹트다

1912   「이마고Imago」 잡지 창간. 빌헬름 스테켈Wilhelm Stekel과 불화

1913   《토템과 터부Totem and Taboo》를 출간

1914   《미켈란젤로의 모세상The Moses of Michelangelo》, 논문 「나르시시즘 소고 On Narcissism」와 《정신 분석학 운동의 역사On the History of the Psychoanalytic Movement》 출간, 융이 프로이트와 결별, 제1차 세계 대전 발발

1915-17   빈 대학에서 '개론 강좌'를 하고 이것이 곧이어 출간

1917   《애도와 멜랑콜리아Mourning and Melancholia》 출간

1918   《유아신경증의 역사From the History of an Infantile Neurosis》 출간 ('늑대 인간' 소개)

1920   '죽음 충동'을 소개하는 논문 《쾌락 원리 너머Beyond the Pleasure Principle》 출간, 딸 소피 사망

1921   《집단 심리학과 자아 분석Group Psychology and the Analysis of the Ego》 출간

1923   턱과 구강에 암 진단을 받는다. 손자 하인츠 사망
        《자아와 이드The Ego and the Id》 출간

1925   《자전적 연구An Autobiographical Study》 출간

1927   《환상의 미래The Future of an Illusion》 출간

1930   《문명 속의 불만Civilization and its Discontents》 출간, 어머니 아말리아 사망

1933   《신 심리 분석 개론 강좌New Introductory Lectures on Psychoanalysis》, 프로이

트와 알베르트 아인슈타인 간의 서간집 《왜 전쟁에 반대하는가?Why War?》출간, 나치 독일에서 프로이트의 저작물이 공개적으로 소각됨

1938 ____ 독일이 오스트리아를 병합하다, 프로이트의 집과 빈의 정신 분석 학회 본부가 공습을 당하고 안나 프로이트가 독일 비밀경찰에 체포되다, 프로이트와 가족들은 런던으로 이민

1939 ____ 9월 23일 사망, 《모세와 유일신 사상Moses and Monotheism》출간

1940 ____ 미완성작 《정신 분석학 개요An Outline of Psychoanalysis》출간

1951 ____ 마르타 프로이트 사망

"어머니의 특별한 사랑을 받은 아들은 평생 정복자의 기분을 느끼며 가족 안에서의 성공에 대한 자신감이 훗날의 삶에서도 실제로 성공을 가져오는 경우가 많다."

A man who has been the indisputable favourite of his mother keeps for life the feeling of a conqueror, that confidence of success that often induces real success.

지그문트 프로이트, 1917

위대한 삶을 계획하다

지기스문트 슐로모 프로이트는 1856년 5월 6일 당시 오스트리아–헝가리의 일부였던 모라비아의 프라이베르크라는 도시에서 태어났다. (프라이베르크는 현재 체코공화국의 프라이버를 가리킨다.)

그는 양모 상인 야콥 프로이트와 아말리아 나탄손 사이의 첫 아이였다.

프로이트는 프라이베르크에서 보낸 어린 시절을 대체적으로 평온하고 행복한 시기로 본다. 1931년에 쓴 글에서 그는 프라이베르크에 대해 "한 가지는 확실하다. 내 안의 깊은 곳에서, 비록 기억이 미화되기는 했지만, 프라이베르크에서 온 행복한 아이가 여전히 살고 있다."고 말했다.

그렇지만 이 낙원에서 보낸 시간은 짧았다.

야콥의 사업이 기울자 가족은 1859년에 라이프치히로, 지기가 4세였던 그 이듬해에는 빈으로 이사했다.

빈은 당시에 유럽에서 가장 훌륭한 수도 가운데 하나로 꼽혔고 세력의 정점에 있었지만 프로이트는 그곳을 음울하고 비우호적인 곳으로 보았다. 특히 그는 당시에 흐름을 형성해 가던 반유대주의에 대해 분개했다.

그의 부모가 사회적으로 원만한 생활을 했음에도 불구하고 프로이트는 처음으로 유대인의 전통에 대한 이방인의 적대감을 경험한다.

이 일은 프로이트의 남은 생애에서 직업적으로나 개인적으로 엄청난 영향을 미치게 된다.

빈에 대한 그의 감정은 프로이트 가족이 그곳에서 지내는 동안 숨 막히는 가난을 겪었다는 사실에도 영향을 받았다. 하지만 어린 지기는 어머니가 총애하는 아들이었으므로 형제자매들보다 훨씬 나은 수준의 생활을 했다. 어머니는 이 아들을 '금쪽 같은 지기'라고 불렀고 없는 형편에도 무엇이든 최고로 해 주려고 애썼다.

예를 들어, 1866년 무렵 어른 두 명에 일곱 아이들이 한 집에 살 때 지기만이 자신의 방이 있었고, 다른 아이가 양초를 써야 할 때 지기는 가스등을 사용할 수 있었다.

어머니가 프로이트를 특별한 사랑한 것은 그가 이미 비범한 학자로 부상하고 있었기 때문이기도 했다. 지기는 처음에 집에서 공부하다가 독일식 중등학교인 레오폴드슈타트 공립 김나지움에 들어가서 7년간 수석을 차지했다. 그는 공부에 도움이 될 만한 급우들과 가까이 지내는 식으로 친구를 선택하는 데도 약삭빠른 면이 있었다. 그들 중에 하인리히 브라운

Heinrich Braun이 있었는데, 그는 이후 탁월한 사회 민주주의 정치가로서 세상에 업적을 남기게 된다.

프로이트, 브라운, 에두아르트 실버스타인이라는 또 다른 소년과 플루스 집안의 삼형제가 분트Bund라는 토론 모임을 만들어 동네 카페에서 정기적으로 모여 인생과 우주와 모든 것의 중요한 문제들을 숙고했다.

플루스 형제들 역시 자신들의 누이와 어머니에게 프로이트를 소개하여 프로이트의 교육에 도움을 주었다. 프로이트는 그 두 사람에게 대단한 애착을 느꼈다. 이들이 프로이트가 나중에 발전시킨 종합적인 섹슈얼리티 이론의 발전에 은연중에 기여했다는 점은 분명하다.

프로이트는 학문에 재능이 있던 데다, 어머니의 확실한 지원과 애정에 힘입어 자신이 위대한 업적을 남길 것이라는 자신감을 얻었다.

여러 해가 지난 후 프로이트는 자신이 18세 무렵에 '살아가는 동안 내가 아마도 인류의 지식에 무언가 공헌하게 될 것이라는 미래의 과업을 예감했다'고 회고했다.

"……나는 유대인으로서 반대편에 참여하여 대다수의 든든한 동의 없이 행동할 준비가 되어 있었다."

…… as a Jew I was prepared to join the Opposition and to do without agreement with the compact majority.

지그문트 프로이트, 1926

아웃사이더에게 힘을

일부 개인들은 주류 사상을 활용하여 위대한 업적을 성취하지만 프로이트는 정통에 도전하는 것으로 명성을 얻었다.

그의 위대함은 세상에 자신이 제시한 이단적인 생각을 정통으로 받아들이라고 설득한 결과라고 할 수도 있다. 아웃사이더라는 느낌은 빈에서 그가 살았던 사회 안에서 시작되었으며, 거기에는 두 가지 주요 원인이 있었다. 첫째는 경제적인 이유였다.

프로이트의 유년기에 가족은 매우 부유한 동네들이 즐비한 도시의 가난한 구역에 살면서 거의 언제나 재정적인 어려움을 겪었다. 특히 오스트리아—헝가리 제국이라는 왕관의 보석과도 같았던 빈의 위상을 고려하면 더욱 그러하다. 프로이트는 부와 권력을 가진 사람들과 지척에 살면서도 그들의 세계에 발을 들여놓지 못하고 그저 들여다볼 뿐이었다. 편안한 위치는 아니었지만 그렇기 때문에 그가 보는 세계를 비판할 자유가 생겼다.

두 번째 원인은 유대인이라는 그의 배경이었다.

19세기 후반 유럽에서는 반유대주의가 고조되고 있었고 프로이트가 살던 빈에는 이미 반유대주의가 만연했다.

지기스문트가 '유대인 농담'에 일반적으로 사용되는 이름이라는 사실이 부분적인 이유가 되어 프로이트가 20대 초반에 이름을 지기스문트에서 지그문트로 바꾸었을 가능성이 크다.

그의 나이 12세 때 아버지가 수년 전에 반유대주의자들에게서 공격을 받은 이야기를 들려주었는데, 이 일은 그의 유년기에 한 획을 긋는 결정적인 순간이 되었다.

아버지의 이야기는 프로이트의 마음을 착잡하게 했다. 또한 스스로 권리를 지키지 못한 아버지에 대해 깊이 실망하기도 했다. 다른 한편으로는 그 일로 누군가는 다른 사람이 유대계라는 이유만으로 이런 식으로 대해도 된다고 생각하는 부당함을 더욱 절실히 인식하게 되었다.

그러나 이를 통해 인생에서 성공하려면 자신의 방식대로 해야만 한다는 점에 강한 확신을 갖게 되었다. 지식을 확장시키는 탐구의 여정에서 다른 사람들의 허락을 구하지 않고 기존의 사고방식에 구애받지도 않으려 한 것이다. 자기 자신이 사회적 기회의 스펙트럼에 접근하지 못하도록 배제되어 있다는 사실을 발견하고 프로이트는 사회의 자아도취적인 추정에 도전할 기회를 찾기 시작했다.

1926년에 그는 이렇게 썼다.

…… 내가 가진 유대인의 자질 하나만 해도…… 이 어려운 삶의 여정에서 내게 없어서는 안 될 두 가지 특성을 가지게 해 주었다.

나는 유대인이었기 때문에 지성을 활용하는 데 제한이 되는 여러 가지 편

견에서 자유로울 수 있었다. 또한 나는 유대인으로서 소수자의 입장에서
사회 전체를 지배하는 다수의 동의 없이 행동할 준비가 되어 있었다.

프로이트가 아웃사이더의 위치를 즐겼다고 보기는 어렵다. 가족의 가난
때문에 그는 생계에 관한 불안에서 벗어나기 위해 남은 평생 충분히 돈
을 벌고 싶다는 욕망을 갖게 되었으며, 반유대주의에는 언제나 분노했다.
우리는 또한 프로이트가 경력을 쌓아가던 초기에 빈 심리학회에서 강의
했을 때 받은 부정적인 반응에 그가 느꼈던 좌절을 감지할 수 있다.
당시 친구인 빌헬름 플리스에게 쓴 편지에서 그는 다음과 같이 말했다.
"멍청이들은 그 강의에 전혀 흥미를 보이지 않았고, 크라프트에빙Richard

von Krafft-Ebing은 '과학적인 동화같았다'는 이상한 평가를 내렸어. 재미있는
건 그게 무려 천 년을 이어온 문제에 대한 해결책을 제시하고 나서 나온
반응이라는 것이지……. 그것들은 지옥에 갈지 몰라."
 그러나 그는 바깥에서 들여다보는 것이 자기 정체성의 결정적인 요소이
며 그 때문에 자신이 다른 사람은 나아가기 두려워하는 지적인 경로를 따
라갈 수 있음을 알았다. 아낌없이 자신을 받아주는 어머니에게서 얻은 자
신감과 관심사가 커지면서 다른 이들에게 받아들여지지 않음으로써 스
트레스를 받는다 해도 결코 움츠러들지는 않았다. 그 대신, 그는 아웃사
이더의 지위를 이용하여 당대의 사회가 받아들인 아이디어들을 과감하게
비평하고 진정으로 '기괴한' 사고방식을 실험했다.

"이런 면에서 나는 한니발을 닮게 되었으며, 한니발은 이후 학창 시절 내가 가장 좋아하는 영웅이었다."

Hannibal, whom I had come to resemble in these respects, had been the favourite hero of my later schooldays.

지그문트 프로이트, 《꿈의 해석The Interpretation of Dreams》, 1900

프로이트의 영웅들

인생에서 프로이트가 존경을 표한 많은 인물이 있었다.

그들 중에는 외과의사와 과학자(다수는 그와 함께 일했던 사람들이다), 예술가, 철학자 등이 있지만 순수한 영웅, 즉 단순히 특정 전문 분야의 위인이 아니라 인류사에 우뚝 솟은 인물을 짚어보는 경우는 상당히 적었다. 과학 분야에서 그가 꼽은 두 명의 위인은 니콜라우스 코페르니쿠스Nicolaus Copernicus와 찰스 다윈Charles Darwin이었다. 약 3세기 전에 코페르니쿠스는 지구가 아니라 태양이 우주의 중심이라고 단정하여 지적인 혁명을 일으켰다. 한편, 다윈의 진화론은 프로이트의 젊은 시절 광범위하게 받아들여졌다. (프로이트가 말했듯이, 다윈의 진화론은 "우리가 세상을 이해하는 데 놀라운 진보가 이루어지리라는 희망을 보여 주었다.")

프로이트가 이들을 중요시한 이유는 단순히 이들의 과학적인 작업이 의문의 여지 없이 탁월했다는 데 그치지 않고 그들이 온 세상과 그 안에서 우리에게 박힌 고정관념을 질적으로 변화시켰기 때문이다.

프로이트가 보기에 그들은 인간의 자기만족에 거대한 충격을 준 두 가지 사건의 주동자들이었다. 그것은 프로이트에게 아주 대단한 업적이었다.

1920년에 출간된 《정신 분석 입문 A General Introduction to Psychoanalysis》에서 이러한 쇼크(프로이트는 '포악한 행위'라고 칭함)에 대해 이야기한다.

첫째는 우리의 지구가 우주의 중심이 아니라 감히 생각하기도 어려운 세상의 시스템 안의 아주 작은 점에 불과하다는 것을 깨달았을 때였다. 이것은 우리 마음속에서 코페르니쿠스의 이름과 연결된다. 비록 알렉산드리아인들의 신조가 매우 유사한 무언가를 가르쳐 주었지만.

두 번째는 생물학적인 연구가 인간에게서 특별하게 창조되었다는 특권을 앗아가고 동물 세계의 후손으로 격하시키며 인간 안에 뿌리 깊은 동물적 본성을 암시한 때였다.

이 재평가는 찰스 다윈, 알프레드 월리스Alfred Wallace와 그보다 앞선 인물들의 선동으로 우리 시대에 성취되었다. 그리고 물론 그 시대 사람들의 가장 극렬한 반대도 없지 않았다.

하지만 유사한 '폭동'을 일으키는 것이 프로이트의 궁극적인 열망이기도 했다. 그리고 인류의 많은 미스터리에 대한 해결책은 외부를 바라보는 것이 아니라 내면으로 시선을 돌려야 한다고 수많은 사람들을 평생 설득했던 프로이트는 이런 일을 상당히 성취했다고 느꼈다.

프로이트가 일반 상대성 이론이 인간의 사고에 유사한 재조정을 했다는 이유로 알베르트 아인슈타인을 과학계 위인의 명단에 올렸다고 생각하는 것도 당연하다. 아인슈타인의 대표작이 프로이트가 60대가 될 때까지 나오지 않았다는 사실 때문에 존경하는 사람들에 속한다는 의미가 좀 약해지긴 했지만 프로이트는 확실히 아인슈타인을 존경했고 두 사람은 1930년대에 중요한 서신 교환을 했다.

과학계 밖에서는 언뜻 보기에는 다소 괴상한 선택으로 보이는 역사상의 인물들을 두어 명 언급했다.

한 명은 17세기 영국 내전 시기의 청교도 군인이자 정치 지도자 올리버 크롬웰Oliver Cromwell이었다.

그는 찰스 1세의 사형 집행 영장에 서명하고 자신이 독재적인 호국경이 되었다. 그런 인물이 어떻게 젊은 프로이트의 상상력을 사로잡았을까? 프로이트는 아들의 이름을 크롬웰을 기리며 올리버로 짓기도 했다.

그 해답은 프로이트가 자신의 첫 번째 영국 여행을 고찰했던 1882년도 편지에서 부분적으로 찾을 수 있다. 그는 영국의 '착실하게 근면한… 그리고 정의에 민감한 정서'를 호의적으로 언급했다. 내전에 의해 사회적으로 자리 잡았다고 할 수 있고 개인적으로는 크롬웰의 성격을 반영하는 특징이었다. 더욱이, 크롬웰은 유대인에 대한 편견의 희생자인 프로이트에게 부합하는 한 가지 확실한 명령을 내렸다. 바로 영국에서 추방된 지 약 400년 만에 유대인들의 영국 거주를 다시 허용한 것이다.

프로이트가 국왕 살해에 관여했다는 이유로 크롬웰에게 끌린 것인지 생각해 보면 흥미롭다. 이 행위는 프로이트가 설명한 매우 유명한 오이디푸스 콤플렉스와 아주 유사한 행위였다.

하지만 프로이트의 평가에서 크롬웰보다도 월등히 뛰어난 인물이 따로 있었다. 북아프리카 카르타고의 위대한 지도자 한니발이었다.

그는 제2차 포에니 전쟁(218-01 BC)때 강력한 로마 제국을 무찔렀다.

프로이트는 이 섹션의 서두에 나온 인용문을 확장하여 그가 한니발에게 끌린 이유를 설명했다.

> 그 나이의 다른 소년들처럼, 나는 포에니 전쟁에서 카르타고인들이 아니라 로마인들에 공감했다.
>
> 그 후 외국 인종에 속하는 것이 어떤 것인지를 처음으로 이해하기 시작했고, 다른 아이들 사이에 만연한 반유대주의 정서 때문에 내가 분명한 지위를 가져야 한다고 생각했다. 다시 말해 셈족 장군 같은 인물이 되어야 한다는 경각심을 가졌다.
>
> ……어린 마음에 한니발과 로마는 유대인의 강인함과 가톨릭 교회 조직 간의 갈등을 상징했다.

한니발은 역사상 가장 위대한 아웃사이더 가운데 한 명으로, '기성세력'과 싸웠던 약자였으며 모든 역경과 맞서 이겨 냈다.

그것은 프로이트에게 자연스럽게 매력적으로 다가왔다. 한니발이 군사적으로 해냈던 것처럼 프로이트는 기존의 지적인 질서를 모든 면에서 뒤흔들었다. 더불어, 로마가 로마 가톨릭 교회를 대변하듯이 한니발은 구체적으로 셈족을 대표했다. 프로이트는 그가 매일같이 견뎌야 하는 반유대 풍조가 대부분 로마 카톨릭 교회 때문이라고 생각했다.

한니발은 프로이트가 아버지가 갈리시아에서 반유대주의 공격을 당했던 사건을 알게 된 후에 그에게 특별한 중요성을 가진 듯하다.

프로이트가 아버지 야콥의 외면적인 굴복 때문에 괴로워하는 동안, 모든 로마인을 상대로 복수할 것이라 천명했던 한니발에게 끌렸음이 분명하다.

"나 같은 사람은 좋아하는 것, 즉 열정을 소모할 일이 없이는 살 수 없다."

A man like me cannot live without a hobby-horse,
a consuming passion.

프로이트가 빌헬름 플리스에게, 1895

진정한 관심 분야를 파악하라

프로이트가 17세라는 어린 나이로 대학에 진학한 것은 그가 대단한 지적
능력을 갖추고 있었기 때문이다. 하지만 그 무렵 그는 어떤 학술 분야를
추구할 것인지에 대한 확신 같은 것은 전혀 갖고 있지 않았다. 오랜 친구
인 하인리히 브라운은 프로이트가 변호사가 되어야 한다고 했지만 프로
이트는 과학에 더 이끌렸다.

결국 어떤 분야를 선택할 것인가에 대한 답은 그가 자연에 관한 에세이
한 편이 낭독되었던 공개 강의를 들었을 때 결정되었다.

(프로이트는 그 에세이를 괴테의 글로 생각했지만 실제로는 게오르크 크
리스토프 토블러Georg Christoph Tobler가 쓴 것일 가능성이 있다.) 프로이트는
그 글을 '아름답다'고 하며 의학을 공부하겠다고 결론을 내렸다.

그는 1873년 빈 대학교에 입학했으나 그 경험은 만족과는 거리가 멀었다.
더 심한 반유대주의를 참는 것은 물론, 세부적으로 들어가니 의학에 끌리
지 않는다는 것을 재빨리 깨달았다. 그보다는 폭넓은 과학적인 진실을 추
구하는 것이 좋았다.

여동생 안나에게 "나는 고통받는 사람들을 돕고 싶어."라고 말했음에도 불구하고, 학위 취득에 필요한 과목보다는 난해한 과학 연구 프로젝트로 재빨리 초점이 옮겨 갔다. 그 결과 의학 학위를 받는 데 꼬박 8년이 걸렸다. 예를 들어, 1876년에는 연구 기금을 받아 트리에스테로 여행을 갈 수 있었다. 그곳에서 그는 저명한 다윈주의자 카를 칼루스Carl Calus와 함께 동물학 연구소에서 장어의 생식기를 연구하려고 수백 마리 장어를 해부하면서 일했다. 그것이 실제가 아니고 꿈이었다면, 프로이트는 나중에 이를 기반으로 풍부한 상징을 만들어 냈을지도 모른다.

1877년, 그즈음 다시 빈으로 돌아온 프로이트는 에른스트 브뤼케Ernst Brücke의 연구 실험실에서 직임을 맡았다.

브뤼케는 메커니즘(생명체의 모든 현상이 무기물을 지배하는 물리적 화학적 법칙과 동일한 법칙에서 기인한다고 믿는 사상)의 주요 인물 가운데 하나였다. 그는 프로이트에게 사상과 경력의 발전이라는 양면에서 오랫동안 영향을 미치게 된다.

브뤼케의 지도하에 프로이트는 (유기 조직과 관련하여)조직학과 (신경계와 관련하여)신경 생리학의 전문가가 되었다.

특히, 인간과 개구리의 신경 세포 사이의 유사성과 차이점을 판단하는 작업을 수행하여, 고등 생명체와 하등 생명체의 신경계가 기본적으로 동일한 물질로 구성되었다는 결론에 도달했다. 다시 말해, 인간이 개구리가 아닌 이유는 무언가 근본적으로 다른 물질로 만들어졌기 때문이 아니라 단지 생리학적으로 높은 수준의 복잡성 때문이다.

프로이트는 대학을 졸업한 이듬해인 1882년까지 브뤼케와 함께 일했다. 프로이트에게 1882년은 중요한 한 해였다.

프로이트는 그즈음 친구의 누이 마르타 베르나이스와 사랑에 빠졌다. 두 사람은 곧 약혼을 하고, 프로이트는 어떻게 아내와 가족을 부양할 것인지에 마음을 쓰게 되었다.

브뤼케는 분명한 말로 선택지를 제시했다. 의학적인 연구는 벌이가 좋지 않고, 그의 실험실에서는 발전의 기회도 거의 없으며, 당시에 만연한 반유대주의 때문에 다른 곳에서 프로이트가 승진할 가능성도 매우 제한되어 있다고 했다.

프로이트는 의사로서 일하는 것이 가장 전망이 밝다고 판단했다. 좀 더 수익성이 있는 개인 병원을 하기 전에 실질적인 경험을 쌓으려고 빈의 종합 병원에서 일자리를 얻었다. 그렇지만, 여전히 임상 의학을 즐겁게 연구하기 힘들었는데, 심지어 존경받는 의학자 헤르만 노트나겔Hermann Nothnagel의 지도하에서도 수술에 대한 교육은 프로이트에게 너무나 지루했다.

그렇지만 그는 1883년 테오도르 마이네르트Theodor Meynert의 정신 의학과로 옮기게 되며 재미와 보람을 느낀다. 마이네르트의 지휘 아래 프로이트는 자신이 신경계의 불편 사항이라 할 만한 신경 생리학에 깊은 관심이 있음을 발견했다. 어떤 형태의 신경은 원상회복이 가능하다는 마이네르트의 확신이 걸출한 제자의 향후 과업에 영향을 미치게 된다.

프로이트는 이제 자신의 전문적인 분야를 발견하기 시작했고 그것에 신이 났다. 이 시기 마르타에게 쓴 편지에서 이 점이 드러난다.

"나는 아주 완고하고 무모한 사람이고, 대단한 도전이 필요해."

또한 그는 1884년에 마르타에게 말했다.

"지각이 있는 사람이라면 매우 경솔하다고 할 만한 일을 많이 했어…… 내 삶의 방식은 많은 위험을 감수하고 많이 기대하고 많이 일하는 거야. 일반적인 부르주아의 상식에서 오래전에 벗어났어."

같은 해에 프로이트는 현미경 아래서 검사할 용도로 두뇌 조직을 착색하는 혁신적인 작업을 했다. 그 과정을 완벽하게 해내기가 매우 힘들었으므로 이 발전 덕택에 그는 동료들 사이에서 크게 존경받게 되었다.

마르타에게는 이런 편지를 썼다.

알다시피, 탐험가의 기질에는 기본적으로 두 가지 자질이 필요해. 시도할 때는 낙관하고 일할 때는 비평하는 것.

그의 경력에서 다음 주요 단계는 1885년에 다가왔다.

살페트리에르 병원Salpetriere Hospital에서 저명한 신경학자 장 마르탱 샤르코Jean-Martin Charcot 밑에서 연구하도록 파리로 초청을 받은 것이다.

"나의 폭군은 심리학이다."

My tyrant is psychology.

지그문트 프로이트가 빌헬름 플리스에게 한 말, 1895

남들이 가지 않은 길을 선택하라

샤르코는 무엇보다도 다발성 경화증을 설명한 최초의 임상의였고 그와 연구할 기회로 인해 프로이트는 온전한 기쁨에 들떠서 이를 마르타에게 알렸다.

41

오, 얼마나 멋진 일일까!
나는 돈도 벌고 오래 머물면서 당신을 위해 멋진 것을 가져올 거야. 그 다음에 파리로 가서 훌륭한 학자가 되어 엄청난 후광을 입고 빈으로 돌아와곤 결혼할 거야.
그리고 불치병이었던 온갖 신경 질환을 고쳐 주고, 당신 곁에서 건강하게 지내겠지. 그리고 당신이 강하고 명랑하고 행복하도록 줄곧 키스할 거야.

샤르코의 일로 프로이트는 정신이 환자 안에서 신체적인 증상을 어떻게 촉발시키는지 새롭게 평가하게 되었다.
샤르코는 또한 프로이트가 그 무렵 진행했던 두뇌 해부 연구에서 신경증 쪽으로 연구의 초점을 옮겨 가도록 독려했다. 특히, 샤르코는 히스테리에 대한 혁명적인 생각을 키워 가고 있었다.

히스테리는 이제 의학적인 관점에서는 드물게 사용되지만 당시에는 (정신적인 외상을 일으키는 최초의 사건에 기인한) 스트레스가 신체적인 증상으로 바뀌는 장애를 가리키는 용어였다. 여기에는 발작, 마비, 몽유병, 환각, 그리고 언어, 기억, 감각의 상실이 동반되기도 했다.

전통적으로 히스테리는 상상의 증상이나 혹은 여성 생식기를 자극하여 생겨난 현상이라고 간주되었다. 그렇지만 샤르코는 이에 동의하지 않았다. 그는 히스테리가 상상이 아니고 특별히 여성에게 국한된 증상도 아니라고 주장했다.

나아가, 전혀 해부학적인 원인의 결과가 아니라 분석적인 과정의 기능 장애로 인해 발생한다고 주장했다. 달리 말하자면, 히스테리는 신체적인 지표 사건index accident에 대한 정서적인 반응(예를 들어, 마차 사고를 겪는 과정에 대한 정서적인 처리)이었다.

샤르코의 생각이 씨앗이 되어 프로이트는 정신적인 외상을 일으키는 모든 사건은 (신체적인 피해를 가져오지 않더라도) 무의식적인 증상-형성에 이르게 된다는 신념을 키우게 된다. 본인이 그 영향을 염려했음에도 불구하고 샤르코는 환자의 상태를 파악하는 수단으로 최면에 걸리게 했다.

5개월 인턴 기간이 끝났을 때, 프로이트는 빈으로 돌아와 신경학을 버리고 정신 의학의 길을 걷기 시작했다.

그는 새로운 멘토가 된 샤르코의 지속적인 호의를 얻는 동시에 두 사람 모두 독일어권 의학계에서 이름을 알리려고 샤르코의 강의를 독일어로 번역하겠다는 제안까지 했다. 그렇지만 빈의 현장에 프로이트가 재진입하는 것이 전혀 성공적으로 이루어지지 않았다.

히스테리와 최면에 대해 프로이트가 제시한 새로운 이론은 (명백히 적대적이지는 않더라도) 회의적인 반응을 얻었는데, 특히 샤르코가 오스트리아인도 아니고 프랑스인이어서 반감을 사기도 했다.

프로이트가 진행한 히스테리 관련 대담이 비판을 불러왔고 이 때문에 그는 빈 심리학회를 가리켜 '멍청이들'이라고 욕하게 되었다. 그럼에도 불구하고 프로이트는 마침내 '정신 의학과 인간 정신의 수수께끼'라는 진정한 직업적인 열정을 발견했다. 그 후 몇 년이 지나 프로이트는 자신의 에너지를 이 분야에 전적으로 쏟을 수 있었다.

1896년에서야 그는 플리스에게 말했다.

"젊은 시절 나는 철학적인 지식 외에는 갈망하는 것이 없었는데 이제 의학에서 심리학으로 옮겨 가면서 그것을 충족시키려 하네."

이제 그는 명성과 악평을 동시에 가져다줄 길 위에 서 있었다.

1895년에 다시 플리스에게 이런 이야기를 했다.

"난 폭군을 발견했어. 그리고 그를 끝없이 섬기고 있어. 나의 폭군은 심리학이야."

"나는 종종, 신전을 지켜 냈던 우리 조상의 모든 반항과 열
정을 물려받은 것 같았고, 역사의 위대한 순간을 위해 내 인
생을 기꺼이 희생할 수 있었다."

I have often felt as though I had inherited all the defiance
and all the passions with which our ancestors defended
their Temple and could gladly sacrifice my life for one
great moment in history.

지그문트 프로이트가 마르타 베르나이스에게, 1886

스스로 이름을 떨쳐라

프로이트의 직업적 성공에는 여러 가지 이유가 있었고, 그 가운데 광범위하고 대담한 지적 능력도 적지 않은 비중을 차지한다. 그렇지만, 개인적인 야심을 과소평가하면 안 된다. 우리 자신과 세상에 대한 인류의 이해를 확장하려는 순수한 욕망을 넘어서는 그의 추진력 뒤에는 무엇이 있었을까? 무엇이 그로 하여금 그 뒤에는 아무도 모르는 잠재적인 괴물이 도사리는 문을 두드리게 하였을까?

적어도 부분적으로는 그의 어린 시절을 망친 가난이 그를 성공으로 이끈 큰 동력이 되었다고 할 수 있다.

야콥 프로이트는 1873년에 사업이 망하면서 재정에 거의 치명적인 타격을 입었다. 가족의 희망으로서 부모 형제를 부양해야 할 가장이 되는 부담이 젊은 프로이트의 어깨를 짓눌렀을 것이다.

마르타 베르나이스를 만난 다음, 그 부담은 더 커졌다. 그리고 둘이 1886년에 결혼을 하고 자녀를 가질 계획을 세우자 다시금 부담이 커졌다.(그들은 1887년과 1895년 사이에 아들 셋, 딸 셋을 두었다.)

브뤼케가 프로이트에게 그의 잘못이 아니라 단순히 유대인이라는 배경 때문에 커리어 전망이 제한되어 있다는 이야기를 해 주자 프로이트는 좋은 경력을 쌓기 위하여 대담한 조치를 준비한다.

자신이 지니고 있는 장점만으로는 부족한 것이 분명한 상태에서 그는 자신의 업적을 알리기 위해서는 불가피하게 적을 만들어야 한다는 사실을 받아들인 듯하다. 이런 이유로 그는 적대적인 환경이 될 것을 분명하게 알고 있는 상태에서 히스테리에 관한 강의를 하고자 했다. 그는 아주 어린 시절부터 견디어 온 반유대주의 정서로 인해 비판에 둔감한 기질을 갖게 되었는데 이것이 어떤 점에서는 그에게 큰 무기가 되어 주었다.

실제로, 특정한 비판은 그를 괴롭혔겠지만, 프로이트는 학자 생활의 심한 기복을 어느 정도 즐겼던 것 같다. 이 책의 후반부에 보이듯이 그는 일상적으로, 본인의 직업적 이익을 증진하는 수준까지 사람들과 우정을 쌓았다가 직업적 입지에 위험이 된다고 생각되면 가차 없이 그들을 잘라 냈다.

프로이트에게는 탁월한 마케팅 아이디어를 내는 재주도 있었다.

다른 사람의 손에서라면 같은 아이디어가 기껏해야 불투명하거나 최악의 경우 세상에서 대체적으로 외면을 받았을 것이다. 물론, 프로이트의 이론이 주류 담론으로 나아가는 데는 시간이 걸렸으나 (그의 초기 업적은 단번에 확실히 인정받기보다는 가랑비처럼 조금씩 받아들여졌다) 그는 평생에 걸쳐 정신 분석학을 세상에 팔았다. 그의 패기와 스토리텔링 능력이 없었다면 모든 시도가 의학 교과서의 각주에 실리는 정도에 그쳤을 것이다. 그는 다름 아닌 '정신 분석psychoanalysis'이라는 단어를 창안했고, 오이디푸스 콤플렉스, 나르시시즘, 에고, 이드, 리비도, 죽음에 대한 소망death wish, 항문기를 논했다. 그가 정신 의학의 천재가 아니었다면 광고계의 중역으로 빛나는 경력을 쌓았을 것이다.

역사 속에서 대단한 성취를 이룬 다른 위인들과 마찬가지로, 프로이트는 재능, 야망, 폭넓은 청중과 소통하는 능력의 강력한 조화를 갖추고 있었다.

"혀를 풀기 위해, 약간의 코카인을 쓴다."

A little cocaine, to untie my tongue.

지그문트 프로이트가 마르타 베르나이스에게 한 말, 1886

막다른 골목을 파악하라

프로이트의 경력에서는 종종 강렬한 반대에 직면하면서도 혁신적이고 논란이 되는 아이디어들을 연구한 것이 특징적인데, 한편으로는 그 과정에서 범한 특정한 실수를 파악하고 중단하는 감각도 뛰어났다.

가장 두드러진 예는 1880년대로 거슬러 올라간다. 프로이트가 코카인의 의학적인 장점에 면밀한 관심을 가졌던 시기였다. 우리가 오늘날 이해하는 코카인의 위험은 전적으로 알려지지 않은 시대라는 것을 기억하자. 프로이트는 기동 작전 수행 중에 아픈 병사들을 회복시키는 데 이 약이 쓰인다는 말을 들은 다음에 이 마약에 대해 호기심을 가지게 된 것으로 보인다.

여러 해가 지나 그는 이렇게 적었다.

"1884년에, 부수적이지만 깊은 관심이 생겨서 메르크Merck사에 약품의 생리적 영향을 연구하려고 알칼로이드를 공급해 달라고 했다."

프로이트는 스스로 약을 투여하기 시작했고 처음에는 거의 마법과 같은 효과에 사로잡혔다. 머지않아 그는 그 약품을 마르타에게도 소개했다. 그리고 그해 후반에는 「코카에 관하여」라는 글을 빈의 한 잡지에 발표했다. 사실상 그 글은 모든 면에서 그 놀라운 약에 대한 찬가라고 해도 과언이 아니었다.

그는 심지어 코카인의 추가적인 용도가 곧 드러날 것이라는 전망도 하였다. 그래서 오랜 친구가 장이 안 좋아 통증으로 고생하고 있다는 말을 듣고는 그 친구에게 코카인이 든 약제를 처방해 주었다. 그 친구가 약을 먹은 후 혀와 입술이 무감각해졌다고 하자 그는 안과의사인 친구에게 안과 수술 중에 환자를 마취시키는 데 사용할 수 있을지 조사해 보라고 제안했다.

그렇지만 얼마 지나지 않아 그는 필사적으로 이 약을 지지하는 입장을 철회하기 시작했다.

마음이 바뀐 것은 친구인 생리학자 에른스트 폰 플라이슐 막소프Ernst von Fleischl-Marxow의 비극적인 죽음에 본인이 관여했기 때문이다.

그 이전에, 폰은 감염으로 인한 고통을 해소하려고 모르핀을 사용하기 시작했다. 1885년 무렵에는 완전히 중독되어 프로이트는 그에게 모르핀을 끊기 위해 코카인으로 바꾸라고 제안했다. 그렇지만 그 생리학자는 단순히 한 가지 끔찍한 중독을 다른 중독을 바꾼 것뿐이었고 엄청난 양의 코카인을 사용하기 시작했다. 6년간의 약품 남용에 만성적인 통증과 다른 증상들이 겹쳐 1891년에 사망하게 되었다.

친구에게 코카인을 사용하게 한 지 얼마 지나지 않아 발생한 일이어서 프로이트는 코카인이 중독성과 위험도가 모두 높다는 것을 깨달았다.

그는 전문가로서 코카인과 관련된 시간 낭비를 묻어 버리고 (비록 본인은 1890년대까지 사용했을 가능성이 있지만) 자신의 이력서에서 오명이 될 만한 에피소드를 효과적으로 지워 버렸다. 그럼에도 불구하고 폰의 사망과 관련된 죄책감은 떨쳐 내기가 더 힘들었다. 실제로, 이 때문에 프로이트가 1885년에 개인적, 학술적인 논문들을 모두 태워 버렸을 가능성이 있다. 그의 전기를 쓴 많은 작가들이 크게 안타까워하는 사건이다. 자신이 젊은 시절 저지른 실수의 기억에서 벗어나기 위한 노력의 일환이자 세상이 그것들을 절대 모르게 하려는 시도였던 듯하다.

마르타에게는 이렇게 말했다.

"……세상 전반과 특히 나 자신에 대한 내 생각과 느낌은 더 이상 존재할 가치가 없는 것을 발견했어."

흥미롭게도, 그런 일은 그가 이미 정신 분석 운동의 창시자로 입지를 다진 1907년에도 반복된다.

그 무렵 프로이트는 어떤 직업적인 실수를 인정했다. 예를 들어, 유혹 이론seduction theory을 자신이 범한 '최초의 중대한 실수'라고 생각하게 되었다. 그러나 모래 위에 선을 긋고 실수와 오류라고 생각되는 것에서 옮겨 가는 방식은 프로이트의 경력에서 하나의 특징이었다. 그가 넓은 세계의 시선에서 떨어진 곳에서 이상적으로 하기 좋아했던 일이다.

"처음에 놀라운 점은, 증상을 야기한 사건을 분명하게 기억
나게 하자 각 개인의 히스테리 증상이 즉시 그리고 영구적으
로 사라졌던 것이다."

For we found, to our great surprise at first, that
each individual hysterical symptom immediately and
permanently disappeared when we had succeeded in
bringing clearly to light the memory of the event by which
it was provoked …

지그문트 프로이트와 요제프 브로이어,
《히스테리 연구 Studies on Hysteria》, 1895

모든 것은 마음에 달렸다

1886년경 프로이트는 마르타와 결혼을 해서 함께 살며 개인 병원도 탄탄히 자리가 잡혀 있었다.

병원의 환자 중에는 명확한 생리적인 원인이 없는 불안감, 강박적인 사고, 강박적인 행동과 기타 신체적인 불편과 같은 신경증 징후를 보이는 중산층의 젊은 유대인 여성들이 많았다. 대다수는 동료 의사들과 옛 대학 친구 요제프 브로이어가 보낸 사람들이었다.

이 시점까지 프로이트는 신경증과 히스테리에 대한 신경학적인 설명을 찾기 위해 대체로 유물론적인 통설을 받아들였다.

1891년 판《실어증의 이해》(뇌 손상이 언어 사용에 어떤 영향을 미치는가를 다룬 책) 같은 초기의 저서들은 이러한 전통에 대한 헌신을 이야기한다.

그러나 일찍이 샤르코와 일하는 동안, 그리고 부분적으로는 그곳에서 한 연구 때문에 프로이트는 어떤 증상에는 순수하게 심리적인 원인이 있다는 생각을 하고 있었다. 다시 말해 그것들은 마음에서 생겨난 증상들이었던 것이다.

예를 들어, 샤르코는 최면술이 히스테리를 치료하는 데 사용될 수 있다고 믿지 않았고 단순히 히스테리의 증상을 끌어내는 방법으로 보았다. 그는 히스테리가 신경 질환이라고 주장했다. 하지만 프로이트는 히스테리가 심리적인 질환이라는 생각도 열어 두었다.

더 나아가, 유물론적 전통에 반기를 들고, 신경학적인 원인을 찾는 연구에서 샤르코를 떼어 놓으려고 심리학적인 근본 원인을 찾아볼 생각을 했다.

1885년 파리에서 빈으로 돌아와 몇 년간 계속된 (그에게는 아버지 같은 역할을 했던) 브로이어의 영향을 받아 프로이트는 신경 질환을 일으킬 수 있는 심리적인 원인에 관한 관심을 추구하기로 했다.

그는 또한 최면이 히스테리와 신경증 치료에 사용될 수 있다고 확신하게 되었다. 브로이어가 1882년 자신의 환자 안나 O.를 치료한 내용에 힘입은 견해였다.

프로이트는 신경증과 히스테리를 무의식적인 억제의 증상으로 보기 시작했다. 환자의 정신 건강에 초점을 두고 그들이 의식조차 못 하는 억제에서 정신을 자유롭게 풀어 주어 신경증을 치료할 수 있다고 믿었다.

공동 작업

브로이어는 프로이트의 경력 초기에 중추적인 인물이었다. 그 시기 프로이트는 정신을 탐구하는 여러 가지 방법을 연구했다. 실제로, 브로이어가 없었다면 프로이트가 결코 정신 분석 기법을 채택하지 않았을 것이라 해도 타당하다.

1907년, 브로이어는 프로이트와 (때로는 공동으로 진료한) 환자들의 경험을 깊이 있게 논의한 것을 두고 이렇게 말했다.

"이런 방식으로 우리의 이론적 견해가 성장했다. 물론, 일탈이 없었던 것은 아니지만, 그럼에도 불구하고 공동으로 수행한 많은 작업에서 이루어진 것이라 어떤 부분이 누구에게서 나온 것인지 구분하기가 정말 어렵다."

안나 O.의 사례가 보여 주듯이 핵심은 억제된 기억을 만든 지표 기억index memory을 파악하는 것이었다.

억제된 기억이 히스테리로 나타난 것이 때문이다. 프로이트와 브로이어가 《히스테리 연구》에서 이야기하는 것과 같이, '환자가 그 지표를 최대한 자세하고 묘사하고 영향을 말로 표현했을 때' 그들의 히스테리 증상이 소멸하였다. 그들은 '히스테리 환자는 주로 회상으로 인해 고통받는다'는 결론을 내린다.

프로이트는 항상 역사 공부를 즐겼고 (그리고 실제로 골동품 수집이 직업 외에서 그가 드물게 가진 대단한 열정의 대상이 되었다) 이제는 자신의 역할을 정신의 고고학자로 보기 시작했다.

프로이트는 환자의 기억을 발굴하여 "히스테리의 비참함을 일상적인 불쾌함으로" 바꿀 수 있다고 믿었다.

이러한 목적으로, 프로이트는 당대의 가장 대중적인 신경 질환 치료법으로 꼽히는 전기 치료(환자의 몸에 전류를 흐르게 하는 방법)를 전면적으로 거부했다. 그는 이 방법이 "아무런 도움도 되지 않는다"고 확신했다.

그 대신 그는 (브로이어가 전에 그에게 했던 대로) 최면술을 더욱 능숙하게 시행하게 되었다. 그렇지만 점차 최면술의 일관성 없는 결과에 좌절하고 새로운 '압박 기법pressure technique'을 개발했다.

프로이트는 신경증과 히스테리의 성공적인 치료는 환자가 그 문제의 근본 원인을 전달하는 데 달려 있다는 것을 알게 되었다. 최면술은 단순히 환자들이 자기 검열 없이 이야기하게 만드는 한 가지 방법에 불과했다.

그는 압박 기법이 같은 결과를 가져오고, 그것도 훨씬 더 효과적으로 달성한다고 생각했다. 과정은 단순했다. 프로이트는 손을 이용하여 환자의 이마에 압력을 가하고 "무엇이든 이마를 누르는 순간에 내면의 눈앞에 보이는 것 혹은 기억을 스쳐 지나가는 것"을 이야기하라고 했다.

그는 그 방식으로 떠오른 장면, 아이디어, 무의식적인 기억의 범위에 충격을 받았다. 만일 처음 압력을 가해서 효과가 거의 없었다면 반복해서 적용하면 대개는 원하는 결과가 나오는 것을 발견했다.

1892년에 이 치료를 받은 한 환자는 엘리자베스 폰 R.로 신원이 확인되었다. 그녀는 2년간 다리의 통증을 견디다가 프로이트를 찾아왔지만 압박 기법에 특히 반감을 갖고 있었다. 프로이트는《히스테리 연구》에서 그 환자의 심리적인 방어를 뚫기 위해 어떻게 그녀와 대립했는지 설명했다.

아무것도 떠오르지 않는다는 그녀의 말을 더 이상 받아들이지 않았지만 분명 뭔가 떠오르는 것이 있었을 거라고 확신시켜 주었다.
아마도, 충분히 주의를 기울이지 않았을지도 모른다며 그런 경우에 다시 이마를 누르겠다고 했다. 어쩌면 그녀는 자기 생각이 옳지 않다고 생각했을지도 모른다.
나는 환자에게 그것은 그녀의 문제가 아니라고, 떠오른 생각이 적절하든 그렇지 않든 간에 온전히 객관적이어야 하고 머리에 떠오른 것을 말해야 한다고 했다. 나는 그녀가 무언가 떠오른 것을 나에게 숨기고 있다고 했다. 하지만 숨기는 것이 있다면 절대로 고통에서 벗어나지 못할 것이라고 말했다. 그렇게 기억을 떠오르게 했다고 주장하자 그 이후로는 그 환자의 머리를 누르면 항상 효과가 있었다.

결국, 프로이트는 엘리자베스 폰 R.에게 그녀의 질병을 형부를 사랑하게 된 결과 느꼈던 심리적 고통의 발현으로 본다고 말했다. 그녀는 프로이트의 진단을 완전히 거부했지만 그는 입장을 고수했고 그녀가 적절하게 치료되었다고 보고했다.
이 치료 사례는 정신 분석학을 발전시키기 위한 초기의 잠정적인 단계를 보여 준다. 하지만 그는 정신 분석의 탄생에서 브로이어와 안나 O.가 담당했던 역할을 결코 잊지 않았다. 그는 1909년 강연에서 이렇게 말했다.
"정신 분석학을 존재하게 만든 것이 업적이라면, 그 업적은 내 것이 아닙니다. 초기에는 내가 한 역할이 없습니다."

안나 O.

"정신 분석학 전체의
배아 세포……"

안나 O.
사례에 대한 요제프 브로이어의
언급,
1907년

프로이트가 안나 O.Anna O.의 사례로 커리어를 효과적으로 시작하기는 했으나 그가 실제로는 그녀를 직접 만난 적이 없고 이 사례에 대한 모든 지식을 브로이어에게서 간접적으로 얻었다는 것이 일반적으로 알려져 있다. 그럼에도 불구하고 프로이트가 브로이어와 함께 진행한 안나 O. 분석은 정신 분석학의 토대가 되었다. 그러면 안나 O.는 누구이며 어째서 그녀의 사례가 그토록 중요했을까?

우선, 안나 O.라는 사람은 없었다.

그 이름은 두 사람이 빈에서 1859년에 출생한 베르타 파펜하임Bertha Pappenheim의 신원을 보호하기 위해 선택한 가명일 뿐이다. 그녀가 21세 정도 되었을 때 아버지가 심한 결핵으로 병상에 누웠다. 안나는 쉬지 않고 아버지를 간호했으나 그녀 자신도 건강이 나빠져 (아버지와는 전혀 다른) 증상을 보이기 시작했고, 그래서 브로이어 박사의 치료를 받게 되었다.

인생에서 그 시점까지 안나는 대체로 아주 건강했고, 상상력이 풍부한 똑똑한 소녀로 여겨졌다. 그러나 아버지를 돌보는 동안 건강이 너무 급격히 나빠져서 결국은 주변에서 아버지를 전혀 만나지 못하게 했다. 한편, 아버지는 투병 끝에 1881년 4월 세상을 떠났다.

안나의 증상은 여러 가지로 다양하게 나타났다.

몇 가지는 혼자 고립되어 있을 때는 심각해 보이지 않았지만 더 넓게 보면 무너져 내리는 개인의 모습을 보여 주었다.

안나는 기침 발작, 번갈아 발생하는 무기력 (주로 오후와 저녁에), 그리고 극도의 흥분, 오른쪽 팔다리 마비로 고통받았고 때로는 눈 움직임을 조절하지 못했다. 또한, 시력과 사시 문제가 생겼다.

게다가, 몽유병이 시작되었고 공수병으로 며칠이고 물을 마시지 못하게 되었다. 몇 가지 언어를 사용할 줄 알았던 안나는 자기도 모르는 사이에 사용 언어를 바꾸기 시작했고 때로는 문장을 말하던 중간에 뚝 끊고 마무리하기 전에 마지막 단어를 반복해서 이야기했다.

정신적인 상태가 악화하자, 2주간 말을 전혀 하지 못했고 침대에서만 생활하게 되었다. 무엇보다도, 불안에 시달렸고 끔찍한 환각을 견디다가 '괴로워, 괴로워' 외치면서 낮잠에서 깨어나기도 했다.

간단히 말해, 브로이어가 열중할 만한 요소가 충분했다.

그는 안나의 쇠퇴와 회복에서 4단계를 분명하게 구분했다. 우선, '잠복기'라고 불렀던 시기가 1880년 7월에 시작되어 그해 12월까지 지속되었다.

비록 안나의 증상들은 비교적 낮은 수준이었지만, 그럼에도 불구하고 그녀를 잘 아는 사람들은 분명히 알 수 있었다.

다음으로 '분명한 질병'의 시기가 왔다.

이때는 증상이 가장 심각했다. 간간이 회복세를 보이다가 4월에 아버지가 사망하자 더 이상 회복되지 않았다. 6월에는 안나의 자살 시도를 염려하여 가족들이 사는 다층 주택에서 안전해 보이는 다른 집으로 그녀를 옮겼다. 그 이후 1881년 12월까지 수개월 동안 안나의 상태는 겉보기에 정상적인 행동과 몽유병을 보였다. 1882년 6월까지 이어진 마지막 단계는 브로이어의 도움을 받으며 서서히 회복해 가는 단계였다.

브로이어는 안나의 증세를 완화하는 한 가지 방법은 최면을 걸어 자신의 환각을 묘사하게 하는 것임을 발견했다.

대개 저녁 시간에, 안나가 좀 더 편안해진 다음 이 과정을 시행했다. 그녀에게 히스테리 진단을 내린 후, 브로이어는 이 치료 세션들을 통해 안나의 정신 상태에 대해 더 많은 통찰력을 얻었다. 곧, 그러한 고통을 일으킨 생각들과 환각의 많은 부분은 병든 아버지를 돌본 경험 및 기타 불쾌한 기억들과 직접적으로 연관이 있다는 것이 분명해졌다.

예를 들어, 그녀는 꿈속에서 검은 뱀이 침대에 누운 환자에게 다가오는데 자기 몸이 마비되어 무력했던 장면을 생생하게 묘사했다.

안나에게 찾아온 마비는 이 꿈에 나타난 불안을 신체적으로 드러낸 것으로 볼 수 있었다. 이와 유사하게 브로이어는 공수병 발병을 어린 시절의 경험과 연결할 수 있었다.

당시 안나는 (본인이 그리 좋아하지 않던) 할머니의 개가 자기가 먹을 물 컵의 물을 먹는 모습을 보았다. 어린 소녀의 삶에서 이 사건이 너무 끔찍해서 그녀가 성인이 되어 경험한 다른 부정적인 감정과 끔찍한 생각들이 공수병 증상으로 나타났다.

그래서 브로이어는 카타르시스 기법이라고 알려진 치료법을 시행했다. 바로 최면 상태에서 특정한 신체적 증상을 일으킨 병적인 기억을 만든 트라우마의 사건을 기억해 내는 것이다.

한편 안나는 그 기법을 '이야기 테라피'와 다소 뒤틀린 표현으로 '굴뚝 청소'라고 불렀다. 개별적인 증상의 근본 원인을 환기시켜 안나가 의식적으로 주목하게 하자, 증상 자체가 사라지는 것 같았다.

시간이 흐르면서 안나는 완치되어 온전하고 생산적인 생활을 하게 되었으나, 안나가 브로이어의 치료가 얼마나 도움이 되었다고 생각하는지 언급한 적이 없다는 면에서, 브로이어가 그녀의 회복에 어느 정도 공헌했는지는 여전히 논란이 있다.

"꼬집어 말하자면, 무의식은 진정으로 초자연적이다.
무의식의 내적인 본질은 외부 세계의 실상만큼 우리에게 미
지의 세계이고, 외부 세계가 감각 기관의 흔적들을 통해 전해
지는 것과 마찬가지로 무의식은 의식의 정보를 통해 불완전
하게 전해진다."

Properly speaking, the unconscious is the real psychic; its
inner nature is just as unknown to us as the reality of the
external world, and it is just as imperfectly reported to us
through the data of consciousness as is the external world
through the indications of our sensory organs.

지그문트 프로이트,
《꿈의 심리학 Dream Psychology: Psychoanalysis for Beginners》, 1920

무의식을 되찾다

프로이트가 진행한 모든 연구의 핵심은 무의식 또는 잠재의식이라는 개념이다. 그 관념이 지금까지 오랫동안 우리 문화에 종합적으로 포함되어 왔음에도 불구하고, 프로이트가 등장했을 때는 겨우 절반 정도 형성된 아이디어였다.

무의식의 본질을 분석하고 이해하려는 그의 시도는 우리 자신에 대한 이해와 우리가 더 넓은 세계에서 어떻게 기능하는지에 대한 이해를 근본적으로 바꿔 놓게 된다.

주제의 복잡성을 고려한다면, 무의식에 대한 프로이트의 구상이 그의 오랜 연구 경력을 통해 변화하고 진화했다는 것이 놀랍지 않다. 물론, 프로이트가 무의식의 존재를 처음 인식한 사람도 아니었다. 그러나 그는 최초로 주류 학계가 잠재의식을 과학적인 현실로 인정하게 한 사람이다. 1926년, 70세 생일에 그가 회상했듯이, "나 이전의 시인들과 철학자들이 무의식을 발견했지만 내가 발견한 것은 무의식을 연구할 수 있는 과학적인 방법이다."

프로이트의 첫 번째 위대한 표현 (1899년 《꿈의 해석》에서 제시된 대로)에서 정신은 의식, 전의식, 무의식이라는 세 가지 영역으로 분명하게 나뉜다. 이것은 소위 빙산 모델을 이용하여 흔히 설명되어 온 정신에 대한 상상이다. 빙산의 일각만이 수면 위에 보이듯이 이 모델에서 우리는 의식만을 '본다'. 정신의 아주 큰 부분을 차지하는 영역은 (즉, 전의식과 무의식) 수면 아래에 잠겨 '보이지 않게' 된다.

의식 _ 우리가 알고 있는 것들로 구성되고 이성적인 방법으로 숙고하고 논할 수 있는 정신의 부분.

전의식 _ 대부분의 시간 동안 잠재되어 있지만 쉽게 의식할 수 있는 모든 아이디어와 기억. (예를 들자면, 휴대전화 번호. 즉시 입 밖으로 튀어나오지는 않지만 요청을 받으면 별다른 노력 없이 생각해 낼 수 있다.)

무의식 _ 보통은 의식적으로 접근할 수 없지만 우리 행동에 중대한 영향을 미칠 수 있는 욕망, 충동, 희망.

그렇지만 프로이트의 3단계 모델은 심리학적인 현실을 반영하는 것이 아니라 그보다는 정신의 기능을 탐구하는 학술적인 수단이라는 점을 이해해야 한다.

1925년의 저서, 《자전적 연구An Autobiographical Study》에서 프로이드는 다음과 같이 썼다.

세분화는 여러 기관이나 시스템을 바탕으로 형성되는 정신의 장치를 그려
내려는 시도의 일환이다. 이들의 상호 관계는 뇌의 실제 해부적 관계를 암
시하지 않고 공간적인 용어로 표현되었다. (나는 이것을 지형학적 접근법
으로 설명했다.)

그의 지형학적인 모델에 따르면 의식과 무의식은 상당히 영구적인 갈등상
태에 있다.

간단히 말하자면, 무의식은 우리가 의식적으로 안전하고, 예의 바르고 사
회적으로 받아들여지는 행위로 알고 있는 것에 맞서는 본능적인 충동을 가
득 차 있다. 한편, 전의식은 그 둘 사이에서 일종의 중재자 역할을 한다. 프
로이트는 《심리분석 개론 강좌Introductory Lectures on Psychoanalysis》(1917)에서 그
투쟁의 특징을 다음과 같이 설명했다.

> 그러므로 무의식의 체계를 커다란 건물의 현관 로비로 비유해 보자.
> 그 안에서 정신적인 충동들이 서로 다른 개인들처럼 서로를 밀친다. 이
> 현관 로비 옆에는 두 번째의 더 좁은 방이 있다. 일종의 거실인데 그 안에
> 도 의식이 거주한다. 하지만 이 두 방 사이에서 감시자가 기능을 수행한
> 다. 그는 다른 정신적인 충동들을 검사하고 검열관으로 행동하며 마음에
> 들지 않으면 거실로 들어오지 못하게 한다······
> 현관 로비에 있던 무의식의 충동들은 다른 방에 있는 의식에는 보이지 않
> 는다. 무엇보다 무의식은 의식하지 못하는 상태로 남아 있어야 한다. 만
> 일 무의식이 이미 문턱을 넘었다가 감시자가 돌려보냈다면 이 무의식은

의식으로 들어오지 못한다. 우리는 그것을 억압되었다고 이야기한다.

하지만 감시자가 문턱을 넘도록 허용한 충동이라 해도 반드시 의식을 하게 되는 것은 아니다. 그러한 무의식 역시 의식의 시선을 잡아끄는 데 성공해야만 사람이 의식하게 된다.

그래서 우리는 이 두 번째 방을 전의식 체계라고 부르는 것이 타당하다.

나중에 좀 더 자세히 보겠지만, 프로이트는 각 개인의 무의식이 (비록 전적으로는 아니지만) 대부분 리비도libido에 의해 좌우된다고 주장했다. 리비도는 (건강 여부에 상관없이) 영아 초기에 성욕과 본능의 발달에 따라 정의된다. 프로이트가 말하기를, 우리가 성장하며 외부 세계에 대한 경험을 더 많이 얻을수록 무의식의 생각들이 의식의 이익에 반한다고 여겨지면 억압받고 검열을 당한다.

그럼에도 불구하고 리비도와 다른 무의식적인 충동들은 남아 있고 여러 가지 방법으로 해소된다.

예를 들어, (신경의 상태와 같은) 신체적인 증상으로 나타날 수도 있다.

꿈에, 말실수로 (때로는 '프로이트식 말실수'라고 함), 그리고 농담으로도 나타난다.

프로이트는 또한 인류의 창조적이고 과학적인 노력과 문명의 형성 자체를 뒷받침하는 성적 충동 에너지가 전환되고 승화된 것이라고 가정했다. 그는 무의식의 생각들을 해방하고 그리하여 억압의 잠재적으로 부정적인 영향을 경감시키는 또 다른 방법은 정신 분석을 받는 것이라고 제안했다.

그러나 프로이트는 무의식의 진정한 본질은 유동적이고 파악하기 어렵다는 사실을 결코 간과하지 않았다. 1940년에는 무의식을 '전기처럼 알기 어렵다'고 했다.

이 점을 염두에 두고, 그는 지형적 모형을 반복적으로 수정하여 복잡성을 더했다. 예를 들어, 추가적인 형태의 본능과 나르시시즘 같은 더 복잡한 문제들 외에도 여러 형태의 무의식 검열이 존재한다고 믿게 되었다. 그럼에도 불구하고, 그가 제시한 정신의 3단계 모델은 프로이트를 연구하는 모든 학생에게 좋은 시발점으로 남아 있다.

"한번에 두 주인을 섬기지 말라는 격언이 있다. 불쌍한 자아는 그보다도 더 심한 상태다. 세 주인을 섬기며 주인들의 주장과 요구를 조화시키려고 애쓴다. 포악한 세 주인은 외부 세계와 초자아와 이드다."

We are warned by a proverb against serving two masters at the same time. The poor ego has things even worse: it serves three masters and does what it can to bring their claims and demands into harmony with one another······ Its three tyrannical masters are the external world, the superego and the id.

지그문트 프로이트, 《심리분석 개론 강좌》, 1936

자아, 초자아, 이드

지형적인 모형의 가장 유명한 진화는 1923년에 나타났다. 이 해에 프로이트는 「자아와 이드The Ego and the Id」라는 논문을 발표했다. 이 기념비적인 글에서, 그는 자아, 초자아, 이드의 개념을 소개했다. 다시 한 번 강조하지만, 이들은 생리학적 실체라기보다는 이론적인 구조물이며, 지형적인 모형과 명확하게 상응한다.

(라틴어에서 폭넓게 '그것'으로 번역되는) 이드id는 무의식에 해당한다. 이드는 우리가 필요로 하고 원하는 것들이 있는 곳이고 리비도가 머무는 영역이다. 어떤 종류의 도덕적 잣대에 영향을 받지 않는 이드는 개인의 본능적인 충동이 축적된 것이며 프로이트가 쾌락 원리라고 명명한 것에 따라 작용한다.

즉, 이드는 즉각적인 쾌락의 충족을 추구하며 그에 따라 고통도 회피한다. 그와 같이, 영유아는 사실상 전적으로 이드의 명령에 따라 행동한다고 볼 수 있다. 예를 들어, 신생아는 항상 배고픔과 갈증, 그리고 프로이트가 말하는 유아 성욕 같은 기본적인 욕구를 즉시 충족하려 한다.

그것은 우리 성격의 어둡고 접근하기 힘든 부분이다…… 끓어오르는 흥분그것은 우리 성격의 어둡고 접근하기 힘든 부분이다…… 끓어오르는 흥분으로 가득한 혼란의 도가니다…… 본능으로부터 거기에 도달하는 에너지로 가득 차 있지만 조직도 없고 집단적인 의미도 끌어내지 않는다. 다만 쾌락 원리를 준수하며 본능에 따르는 필요를 충족시키려 애를 쓸 뿐이다.

그의 사후, 1940년에 출판된 《정신 분석학 개요An Outline of Psychoanalysis》에서 프로이트는 이렇게 말했다.

"그것은 태어날 때부터 존재하는 모든 유전적 특성, 즉 우리 체질 안에 새겨진 것을 담고 있다. 그러므로 무엇보다도 신체 조직에서 유래하여 여기(이드에서) 우리가 모르는 형태로 최초의 신체적 표현을 하는 본능을 포함한다."

이드와 대조되는 것은 초자아다 (자아ego는 라틴어에서 '나'로 번역된다). 초자아는 우리 안에서 더 큰 사회의 기준을 반영하는, 자기 비판적이고 도덕적인 부분으로 볼 수 있다. 우리 양심이라고도 할 수 있다.

우리는 시간이 흐르면서, 외부 세계에 더 많이 노출되는 과정에서 이런 기준들을 점점 더 많이 접하게 된다. 이 노출은 부모의 가르침에서 시작되며 다른 권위 있는 인물들, 교사들과 역할 모델들을 만나면서 범위가 더 넓어진다.

이드는 우리에게 본능적으로 원하는 것이 무엇인지 알려주는 반면 초자아는 우리가 사회의 구조물 안에서 우리 자신에게 허용할 수 있는 경계선을 제시한다. 그러므로 초자아는 죄책감, 자책, 수치심, 허약함, 의무 같은 감정의 원인이 된다. 초자아가 점진적으로 발전하는 부모와의 관계에서 시작되므로 프로이트는 그것을 오이디푸스 콤플렉스의 직접적인 계승자로 간주하기도 했다.

1930년에, 그는 초자아를 이렇게 설명했다.

"초자아는 우리가 상정한 권위이며 우리가 부여하는 양심의 기능을 한다. 이 기능은 자아의 행동과 의도를 감독하고 평가하여 일종의 내면 검열을 시행한다."

이드와 초자아 사이에서 자아는 중재자 역할을 하려 애를 쓴다.

'자아'라는 단어가 오늘날 종종 (흔히 과장되게) 자존감을 암시하는 데 사용되는 반면, 프로이트의 틀 안에서는 미묘한 차이가 있는 개념이다. 그것은 우리의 의식적인 인식과 지적인 기능의 기반으로 작용한다. 즉, 우리의 이성과 상식의 근원이다.

그 역할은 다면적이다. 이드의 어두운 본능을 억누르고(좀 아이러니하게도, 잠재의식적으로 행하는 일이다) 우리에게 안전, 존중, 책임 같은 개념을 고려하라고 강요하여 우리를 지켜 준다. 개인에게 이드의 충동과 초자아가 부여한 사회의 요구 사이의 간극을 적응과 발전을 통해 메우도록 격려하는 안내자 역할을 한다. 이때 초자아는 최선을 다해 장기적인 이익을 충족시키라고 요구한다.

세상과의 상호 작용을 통해 점차 이드의 우위가 줄어들면, 이드는 부분적으로 자아에 포함된다.

자아는 쾌락 원리에 따라 작동하는 것이 아니라 프로이트가 현실 원리Reality Principle라고 하는 것에 따라 작동한다. 이로써 즉각적인 만족을 추구하는 욕망을 길들여 사회에서 역할을 담당하는 장기적인 능력을 고려하게 된다. 대략 이야기하자면, 그것이 우리가 새 신발을 사고 싶을 때 신발 가게를 약탈하기보다는 돈을 벌거나 모으는 선택을 하는 이유다. 그러나 이 섹션의 첫 부분에 나온 인용문이 시사하듯이 좋은 의도를 가진 자아는 그 자체로 힘든 임무를 맡고 있다.

자아는 이드를 통제하고 초자아에 내재하는 불안감, 죄책감, 부적절함을 완화하려 하면서도 부정, 치환, 억압을 포함한 다양한 방어 기제를 사용한다. 누구나 알다시피, 우리에게 작용하는 많은 힘 사이에서 균형을 유지하는 것은 끊임없는 싸움이고 프로이트의 모델은 이 사실을 온전히 인식하고 있다.

무의식에 대한 프로이트의 묘사는, 우리가 자신을 근본적으로 바라보는 방식에 대한 기준을 진정으로 바꾼 지적 위업 중 하나였다. 자신이 어느 정도의 업적을 이루었는지 본인도 이해하고 있었다. 1920년에 그는 《정신 분석 입문》에 이렇게 썼다.

시간이 흐름에 따라 인류는 과학이 인류의 순진한 자기애에 던진 두 가지 충격을 참아야 했다. (그는 코페르니쿠스와 다윈의 아이디어들을 언급하고 있었다.)…… 하지만 당당함을 추구하는 인간의 열망은 현대 심리학의 연구에 의해 세 번째로 뼈아픈 타격을 받아 고통받고 있다.

심리학 연구에서는 우리 각자의 자아가 자신의 집에서도 주인이 아니며 자아는 자신의 정신 안에서 무의식적으로 벌어지는 일에 대해 남겨진 단편적인 정보로 만족해야 한다는 사실을 증명하려 애쓰고 있다.

우리 정신 분석 학자들은 인류에게 내면을 보아야 한다고 처음으로, 유일하게 제안한 사람들은 아니지만, 가장 끈질기게 그 주장을 옹호하고 모두에게 밀접하게 와닿는 경험적인 증거로 주장을 뒷받침해야 하는 운명을 타고난 것이다.

"사랑하는 사람은 겸손해진다. 말하자면, 사랑하는 사람들은 나르시시즘 일부를 전당포에 맡긴 셈이다."

Whoever loves becomes humble. Those who love have, so to speak, pawned a part of their narcissism.

지그문트 프로이트, 《나르시시즘 소고On Narcissism》, 1914

나 자신만큼 나를 사랑하는 사람은 없다

위에 인용한 글에서, 프로이트는 자신이 세운 인간 정신의 모델에 새로운 구성 요소를 도입했다. 바로 나르시시즘 혹은 자기애(自己愛)다. 비록 그의 여러 이론과 마찬가지로 당시에도 지금까지도 논란의 여지가 있긴 하지만, 자기애는 프로이트가 인간의 행위를 해석하는 (그리고 그가 결국 정신을 이드-자아-초자아 모델로 정립하는) 핵심 요소가 되었다.

나르시시즘은 적어도 20세기 첫 10년 후반부터 그가 숙고해 온 개념이었다. 오이디푸스 콤플렉스와 마찬가지로, 그는 해당 심리 상태를 압축적으로 표현하기 위해 고전 신화로 눈을 돌렸다. 그리스 신화에 따르면, 나르키소스Narcissus는 물웅덩이에 비친 자신의 모습과 사랑에 빠진 소년이었다. 그는 자신의 사랑에 보답하지 못하는 단순한 이미지에서 헤어나지 못한 채 절망의 소용돌이에 빠져 자살했다.

프로이트는 뚜렷하게 다른 상태의 두 가지 나르시시즘을 설명했다. 첫 번째로 1차적 나르시시즘primary narcissism은 자연스럽고 정상적인 상태로 볼 수 있다. 우리 모두가 자아와 타자에 대한 의식이 없이 태어났으므로 유아기의 1차적 나르시시즘은 쾌락을 추구하는 리비도의 충동과 우리에게 내재된 자기 보존 본능이 함께 표현된 것이라고 그는 주장했다.

프로이트는 "자기를 사랑하는 것은 자기 보존의 본능이라는 에고이즘을 리비도적으로 보완한다"고 썼다. 어린이가 외부 세계에 노출되고 자아를 발전시켜 나가면서 1차적 나르시시즘의 단계가 지나간다.

이와 반대로, 2차적 나르시시즘은 리비도가 외부의 대상에서 물러나 자아와 내면으로 향할 때 생긴다. 비록 프로이트가 2차적 나르시시즘을 발달의 자연적인 단계로 보았지만, 그는 이 단계에서 벗어나는 것과 관련된 문제들은 과대 망상증과 정신 분열증과 같은 잠재적인 성인기의 병리학적 상태를 유발한다고 말했다.

예를 들어, 2차적 나르시시즘은, 한 개인의 애정이 향하는 외부의 대상이 (전형적으로 아동기의 어머니) 보답하는 사랑과 보살핌과 애정으로 주체의 (이제 밖으로 향하는) 자기애 분량을 충족시키지 못하면 발생할 수 있다.

그에 따라 프로이트는 나르시시즘이 인간관계와 우리가 사랑하는 대상을 선택하는 데 어떤 영향을 미치는지 조사했다.

《문명 속의 불만》에서 그는 이렇게 썼다.

> 내가 다른 사람을 사랑한다면 그는 분명 어떤 식으로든 그럴 자격이 있어야 한다… 만일 어떤 중요한 측면에서, 그가 나를 많이 닮아서 그 안에 있는 나 자신을 사랑할 수 있다면 그는 사랑받을 자격이 있다. 그가

만일 나보다 훨씬 완벽하여 그 안에 있는 내 이상적인 이미지를 사랑할
수 있다면 그는 사랑받을 자격이 있다.

"내가 인간이 숨기고 있는 것을 드러내는 과업을 맡았을 때…… 나는 그 일이 실제보다 더 어렵다고 생각했다. 볼 수 있는 눈과 들을 귀가 있는 사람들은 인간이 어떤 비밀도 숨길 수 없다는 사실을 곧 확신하게 될 것이다. 입이 무거우면 손끝이 대신 말하고, 모든 땀구멍에서 비밀이 새어 나온다."

When I set myself the task of bringing to light what human beings keep hidden with him…… I thought the task was a harder one than it really is. He that has eyes to see and ears to hear may convince himself that no mortal can keep a secret. If his lips are silent, he chatters with his finger-tips; betrayal oozes out of him at every pore.

지그문트 프로이트, 1905

편안한 상태로 연상하기

프로이트와 브로이어가 1895년에 《히스테리 연구Studies on Hysteria》를 출간했을 때 그 책이 임상 의학자들을 양측으로 분열시키는 것 같았으나 더 넓은 세계에는 거의 영향을 미치지 못했다.

그럼에도 불구하고 그 책은 프로이트의 근본적인 방향 전환을 예고했다. 그는 더 이상 유물론자가 아니라 히스테리의 증상이 심리적 (즉, 정신적) 근원을 가지고 있다고 믿었다. 그는 외상적traumatic 사건에 대한 무의식적인 기억이 행위에 영향을 준다고 확신했다.

프로이트가 공개적으로 존경을 표현한 과학자들 중 한 명이 독일 물리학자 헤르만 폰 헬름홀츠Hermann von Helmholtz였다. 헬름홀츠는 다양한 분야에서 주목할 만한 공헌을 했지만, 프로이트는 열역학에 대한 그의 이론에 특히 관심이 있었다. 헬름홀츠는 에너지가 파괴될 수 없고 대신에 어떤 상태에서 다른 상태로 변환될 수 있다고 주장했다. 프로이트의 진화하는 심리학적 모델도 유사한 원리를 기초로 하고 있었다. 정신적 에너지는 소멸하지 않지만, 의식에서 억제되거나 궁지에 몰릴 때, 다른 곳에서 새로운 형태로 나타난다는 것이다.

따라서 정신적 외상을 잊기 위해 억압된 에너지는 신경성 경련이나 다른 신체적 증상으로 다시 나타날 수 있다고 보았다.

그러나 1896년경에 프로이트–브로이어 축에 균열이 나타나기 시작했다. 특히, 브로이어는 동료인 프로이트가 그해에 발표한 일련의 논문을 매우 불편해했다. 논문에서 프로이트는 히스테리와 신경증이 거의 예외 없이 성적인 원인에 기인한다고 가정했다.

이 개념은 프로이트의 '유혹 이론'으로 알려진 이론의 중심을 이루었다.

프로이트는 비록 철저한 것과는 거리가 멀었지만, 광범위하게 사례 연구를 수집하여 (총 13건), 사실상 모든 피험자가 증상 이면에 있는 지표 사건index event으로 파악될 만한 성적 학대 사건을 겪었다고 지적했다.

그는 억압된 기억이 거의 언제나 어른이 아이를 유혹하거나 성추행한 것과 관련이 있다고 결론지었다. 그는 보모, 가정교사, 집안의 하인들, 교사들을 특히 비난했고, 특히 오빠나 형이 가해자인 경우가 많았다고 주장했다. (프로이트는 나아가 자신의 신경증을 일으킨 '주요 원인 제공자prime originator'로 어린 시절 보모를 비난했다. 그녀가 "성적인 문제를 가르친 사람"이었으며 프로이트가 배변 훈련에 적응하려 애쓸 때 심하게 인내심이 없었다고 했다.)

프로이트는 학대의 경험은 학대를 당한 사람들에 의해 억압되지만 사춘기 이후 신경증의 증상으로 다시 나타나게 될 뿐이라고 말했다. 그 분야의 전문가들은 이 새 논문에 상당히 회의적이었다. 그중에서도 브로이어는 이 주장을 뒷받침할 충분한 증거가 없다고 믿었으며, 두 사람의 신념이 달라짐에 따라 전체적으로 사이가 멀어지게 되었다.

채 10년이 지나기 전에 프로이트는 환자들이 자신에게 묘사한 학대 사건 중 일부가 상상에 의한 것이라고 결론 지으며 자기 자신의 이론을 부정하기 시작했다. 현대 학계에서는 프로이트가 환자들에게 억압된 기억을 표면으로 꺼내 놓으라고 압박을 가한 후에야 몇 가지 일화가 "밝혀졌고" 어떤 경우에는 프로이트 자신이 환자의 증세와 말을 해석한 결과물이었다고 가정한다. 분명히, 그의 환자 중 다수는 어린 시절에 성적으로 학대받았다는 개념을 거부했다.

프로이트는 곧 자신의 유혹 이론을 무시했지만 이제는 정신의 의식적인 영역과 무의식적인 영역 간의 상호작용을 연구하여 정신병을 치료하는 데 전념하고 있었다. 정신 분석 운동의 씨앗이 뿌려진 것이다. 정확한 방법론을 수립하는 일만이 남아 있었다.

1896년은 우리가 알고 있는 정신 분석학이 탄생한 해이자, 프로이트가 그 용어 자체를 만들어 낸 해였다. 또한 환자들이 이야기를 털어놓고 외상적인 기억에 대한 저항을 없애도록 격려하는 새로운 기법을 실험하기 시작한 순간을 나타내기도 한다.

이번에 그는 압박 기법 활용을 중단하고 '자유 연상' 기법을 채택하기 시작했다. 이 방법은 환자에게 편안한 심적 상태로 들어가 스쳐 가는 생각들을 자체적으로 편집하지 말고 모두 치료자와 공유하라고 요구한다. '자유 연상'이라는 용어는 어떤 생각이나 이미지가 명확한 논리적인 전개 없이 자발적으로 또 다른 생각이나 이미지로 연결될 수 있는지를 반영했다.

소파 치료법

이 시기에 프로이트는 치료에 소파를 이용하고 있었으며, 시간이 흐르면서 소파는 전체 정신 분석 운동의 기본적인 상징이 되었다.

프로이트의 첫 번째 소파는 벤베니스티 부인이라는 환자가 감사의 뜻으로 1890년에 선물한 빅토리아 시대의 침대 겸용 소파였다. 따라서 그 소파는 전기 요법, 최면술, 압박 기법으로 인한 시간 낭비를 거쳤지만 프로이트가 자유 연상을 도입했을 때 그 가치를 증명했다.

소파는 환자들이 긴장을 풀고 쉬게 하는 이상적인 도구였고 통상적으로 환자와 의사가 만날 때처럼 의사와 눈을 마주치지 않고 이야기할 수 있게 해 주었다. 실제로 그는 의도적으로 자신의 의자를 소파 뒤에 놓았는데, 아마도 어느 여성 환자가 소파에 앉아 있는 동안 그에게 추파를 던진 이후에 그랬던 것 같다(곧 정신 분석 학자의 직업적인 위험으로 인식되었던 종류의 사건).

프로이트는 이런 식으로 자유롭게 이야기함으로써 어떤 특정한 방향으로 환자의 생각을 안내하는 임상의의 위험을 벗어나 본능적으로 해로운 무의식과 억압된 생각들을 알 수 있기를 기대했다. 프로이트에게, "정신 분석은 무엇보다도 해석의 기술이었다."

그의 빈 상담실에서부터 프로이트는 지적인 혁명을 시작했다. 처음에는 조용히 시작했지만, 곧 국제 무대에서 분명히 존재를 드러내게 되었다. 그는 1937년에 자신의 커리어를 돌아보며 이렇게 말했다.

고고학자가 남아 있는 건물의 기초로부터 벽을 쌓고, 움푹 들어간 곳을 바탕으로 기둥의 수와 위치를 판단하고 잔해에서 발견된 나머지를 가지고 그림을 재구성하듯이, 정신 분석가도 기억의 파편과 연상 및 분석 대상자의 행위에서 추론을 끌어내며 분석을 진행한다.

"정신 분석학은 유혹을 받아들이고 싶지만 저항하지 않으면 과소평가될 것을 알고 있는 여성과 같다."

Psychoanalysis is like a woman who wants to be seduced but knows she will be underrated unless she offers resistance.

지그문트 프로이트, 《유혹 이론을 넘어서》, 1920

장벽을 부수어라

프로이트는 환자의 히스테리와 신경증의 근원을 제거하기 위해 언어적 단서와 비언어적 단서를 모두 찾아내려고 했다. 시간이 지나면서 그는 불쾌한 기억을 감추고 억압하기 위해 정신이 여러 가지 주요 전략을 채택했다고 결론지었다. 이들 중 가장 중요한 세 가지는 다음과 같다.

전이transference _ 환자가 한 대상에 대한 감정을 무의식적으로 또 다른 대상에게 온전히 전달하는 과정.

투사projection _ 환자가 무의식적으로 자기 자신의 충동과 사고의 존재를 부정하고 그 대신 다른 누군가의 것으로 귀속시켜서 자기 자신을 자신의 충동과 사고로부터 단절시키는 것. 프로이트는 이윽고 투사가 독단적으로 일어나지 않지만 환자가 무의식적으로 투사되는 생각이나 느낌의 흔적을 찾을 수 있는 주체subject를 택한다고 믿게 된다. 예를 들어, A는 비록 실제로는 B가 가진 일시적인 끌림보다 A 자신이 형수에게 품는 감정이 훨씬 강렬함에도 불구하고 그녀에게 욕망을 품고 있다고 B를 비난할 수도 있다.

저항Resistance _ 환자는 특별한 사건이나 생각을 기억하거나 수용하는 것을 막는 정신적인 장애물을 만든다. 달리 말해, 자아는 인지된 위협에 대항하여 방어막을 세운다. 실질적으로, 이것은 환자가 의사에게 보이는 적극적인 비협조로 나타날 수 있다.

프로이트는 회복을 저해할 만한 이러한 장애물의 원인을 낱낱이 극복하기 위한 (자유 연상 기술 같은) 방법을 제시하는 것이 임상의의 몫이라고 인식했다. 그러나 전이는 환자뿐 아니라 의사에게도 특별한 위험을 내포하고 있었다. 의사는 환자의 전이 대상이 될 수 있는 주요 위치에 있었기 때문이다.

이것은 치료사에게 로맨틱하거나 에로틱한 애착을 두는 환자를 통해 드러날 수 있다. 물론 환자에게 치료사는 영웅적 인물이 되어 환자의 고통의 원인을 해독하고 증상을 완화할 수 있다. 실제로 환자는 전적으로 의존하는 기분을 느끼기도 한다. 프로이트는 여성 환자가 자신에게 이끌리는 감정을 분명하게 표시하려 했던 일을 겪고 나서 환자의 소파 뒤에 자신의 의자를 배치했을 가능성이 크다. 마찬가지로 안나 O.는 브로이어와 교류가 있었던 수개월 동안 사랑에 빠졌다고 믿게 되었다. 브로이어는 그처럼 오래 포괄적으로 환자를 치료하는 일을 다시는 맡지 않았고 (대신 여러 고객을 프로이트에게 넘겨주었다) 안나의 낭만적인 감정의 방향을 되돌리는 부담이 더해져서 소진감을 느꼈을 가능성이 크다.

환자는 또한 분노, 분개 또는 불신의 느낌을 쉽게 전환할 수 있다. 예를 들어, 프로이트의 가장 유명한 사례 연구 중 하나인 '쥐 사나이Rat Man' 연구에는 피험자가 프로이트에게 불같이 화를 냈던 에피소드가 포함되어 있다. 그러나 프로이트는 전이가 치료의 장벽으로 작용할지라도 신경증의 근원을 확인하는 도구로 사용될 수 있음을 알았다. 신경증 환자는 무엇을 기억하기보다는 반복하기 때문이다. 즉, 환자는 외상성 사고traumatic thoughts에 대한 보호 조치로 전이를 사용하는 동안, 한편으로는 전이 대상과 함께 외상의 근원을 확인하는 데 도움이 될 만한 갈등을 일으키고 있다.

"그의 결단과 용기와 정직 덕분에 그는 단순히 자신의 무의식을 엿볼 뿐 아니라(그 이전의 개척자들도 종종 그 수준까지는 도달했다) 실제로 가장 심오한 수준까지 침투하고 탐색한 최초의 인간이 되었다. 이 불후의 업적으로 그는 역사상 가장 독특한 위치에 올랐다."

His determination, courage and honesty made him the first human being not merely to get glimpses of his own unconscious mind - earlier pioneers had often got as far as that - but actually to penetrate into and explore its deepest depths. This imperishable feat was to give him a unique position in history.

어니스트 존스,
《지그문트 프로이트의 생애와 업적The Life and Work of Sigmund Freud》, 1953

의사여, 스스로를 치유하라

프로이트의 아버지는 1896년에 사망했다. 그 사건은 프로이트에게 중대한 영향을 미쳤다. 적어도 자신의 신경증에 대해 잘 알게 되었기 때문이다.

예를 들어, 그는 이전보다 더 나쁜 꿈을 꾸고 기분이 가라앉고 일반적인 감정적 장애를 더 많이 겪고 심지어는 심장 박동이 불규칙해 고통받았다고 했다. 프로이트는 이러한 증상과 아버지의 죽음 사이의 상관관계를 깨닫고 1897년부터 19세기 말까지 엄격한 자기 분석을 시행했다. 여기에는 그가 꾼 꿈과 어린 시절의 기억을 살펴보는 일도 포함되었다. 도전적이고, 힘들고 괴로우면서도 신나는 일이 될 만했다.

그는 빌헬름 플리스에게 보내는 편지에서 이 경험의 많은 부분을 상세히 이야기했다. 플리스는 베를린에서 활동하던 이비인후과 전문의로서 다른 사람들이 프로이트에 대해 그리 너그러운 태도를 보이지 않던 때에 프로이트의 대담하기 그지없는 아이디어를 진지하게 받아들였다. 실제로 플리스 자신도 비강 점막의 장애로 인해 성병이 생겼다는 이론을 포함하여 상당히 괴상한 아이디어를 가지고 있었다(필연적으로 그는 프로이트의 코를 두 차례 수술했다). 두 사람은 1893년에 서신 교환을 시작했고, 프로이트가 브로이어와 결별한 후에는 플리스가 그에게 중요한 전문가 친구가 되었다.

프로이트가 자기 분석을 중요하게 생각한 것은 1897년 플리스에게 "내가 전념하고 있는 주된 환자는 나 자신이다"라고 한 주장에 잘 나타난다.

프로이트는 편지에 이렇게 적었다.

"삶의 슬픈 비밀을 근원까지 추적하고 있다.", "내가 제3자로 환자들에게서 목격한 모든 일을 스스로 경험하고 있다."

프로이트는 자신의 악마들과 용감하게 대면했고, 자신을 대상으로 수행한 많은 작업이 이후 몇 년 동안 그가 스타로 발돋움하는 계기가 되는 출판물의 직접적인 자료가 되었다. 그가 맡은 일에 대해 타협하지 않는 태도는 그가 어린 시절에 꾸었던, 특히 고민되는 꿈에 대한 분석을 공유하려는 의지에서 분명히 드러난다. 그 꿈에서 프로이트는 얼굴에 새의 부리를 붙인 사람들이 평화롭게 잠들어 있는 어머니를 어떤 방으로 옮겨 침대 위에 눕히는 모습을 보았다. 프로이트는 울고 비명을 지르며 꿈에서 깨어 부모의 침실로 도망쳤다.

그의 분석은 이런 식이었다. 고대 세계에 대한 관심이 컸기 때문에 고대 이집트의 새 머리를 한 사람들의 모습을 보았다. 프로이트가 아는 어떤 소년이 (자신의 모국어인 독일어로) 새라는 단어가 성적인 속어로 사용되었다고 말했고, 프로이트는 어머니가 죽을까 봐 그가 느꼈던 명백한 불안은 어머니에 대해 품었던 성적인 감정에 대한 불안이 위장된 것이라고 결론을 내리게 되었다. (그 감정을 느낀 것은 네 살 때 그가 라이프치히에서 빈으로 가는 기차 여행 도중에 어머니의 나체를 우연히 본 사건 이후라고 알려졌다. 이는 그의 기억 속에 단단히 박힌 한 장면이다.)

더 나아가, 그는 꿈속에서 본 어머니의 평온한 표정은 조부가 임종의 고통 중에 지었던 표정의 전이였으며, 그 꿈에는 자기 아버지가 죽기를 바라는 마음이 담겨 있다고 했다.

앞으로 보게 되겠지만, 이 분석은 《꿈의 해석》에서 좀 더 공식적으로 되풀이되며, 특히 오이디푸스 콤플렉스의 형성에도 관여한다. 《신 심리 분석 개론 강좌》에서 프로이트는 정신 분석 운동을 하는 사람들은 본인이 했던 것처럼 반드시 자기 분석의 피험자가 되어야 한다고 주장했다.

> 진심으로, 우리가 비밀 협회의 구성원이며 신비한 과학을 시행하고 있다는 인상을 주고 싶지 않다. 그러나 우리는 스스로 분석을 받아야만 얻을 수 있는 특정한 경험이 없다면 아무도 정신 분석에 대한 토론에 참여할 권리가 없다는 점을 확실히 인식하고 의무적으로 표현해야 한다.

"꿈의 해석은 정신에서 이루어지는 무의식적인 활동을 알아가는 황금길이다."

The interpretation of dreams is the royal road to a knowledge of the unconscious activities of the mind.

지그문트 프로이트, 《꿈의 해석The Interpretation of Dreams》, 1899

대담한 꿈을 꾸어라

프로이트는 자기 분석을 하면서 《꿈의 해석》을 쓰기 시작하여 1899년 말에 책을 발간했다(책에는 발행일이 1900년으로 되어 있지만). 미지근한 반응을 얻었다고 말한다면 그것은 다소 약한 표현이다. 판매 수치는 수년 동안 몇천 부 이상을 결코 넘어서지 못했다.

그러나 오늘날 프로이트를 가장 널리 알려지게 만든 책이 바로 이 책일 것이다. 《꿈의 해석》은 프로이트 자신의 '코페르니쿠스적 혁명'을 뒷받침하는 근본적인 내용을 다수 담고 있는 이해하기 쉬운 텍스트로 구성되어 있다.

프로이트는 꿈은 자기에 대한 지식의 근원이며 치료 효과가 있다는 플라톤의 주장을 즐겨 인용했다.

프로이트는 꿈이 과거를 엿보게 하고 잠재의식을 향한 창문을 여는 기능을 한다고 보았다. 나아가 그는 우리가 꾸는 꿈의 내용이 (변형되어 사소해 보일 수도 있지만) 사소하지 않고 우리의 무의식적인 정신을 차지하는 심오한 문제를 가리킨다고 주장했다.

그는 이렇게 말했다.

"꿈은 결코 사소한 문제에 관여하지 않는다. 우리는 사소한 것들로 잠이 방해받도록 허용하지 않는다."

그는 꿈이 우리로 하여금, 의식적인 존재로서 마주하기에는 너무 부끄럽거나 불안한 생각과 기분들을 안전하게 다루도록 해 준다고 믿었다.

프로이트는 '모든 꿈은 어떤 의미에서 편의상 꾸는 꿈'이라고 했다.

"꿈은 잠에서 깨지 않고 수면 시간을 늘리는 목적을 수행한다. 꿈은 수면의 수호자이지 방해자가 아니다."

그러면 어째서 《꿈의 해석》이 그토록 중요한 텍스트가 되었을까? 가장 근본적인 이유는, 우리가 깊은 잠에 빠져 우리의 의식적인 정신이 쉬고 있을 때 발생하는 꿈이 무의식의 반영이라는 과학적인 근거를 처음으로 설득력 있게 주장한(분명하게 논란을 일으킨) 사람이 프로이트이기 때문이다. 그는 또한 꿈을 논리적으로 분석하기 위한 최초의 기본 원칙들을 내놓아, 이전에는 무질서만이 만연했던 곳에 일종의 질서를 부여했다. 1940년의 《정신 분석학 개요》에서, 프로이트는 꿈에 대한 당혹감을 이런 말로 인정했다.

모두가 알다시피 꿈은 혼란스럽고, 이해할 수 없거나 무의미할 수 있다. 꿈에서 말하는 것은 우리가 현실에서 알고 있는 모든 것과 모순될 수 있고 꿈속에서 우리는 미친 사람들처럼 행동한다.

우리가 꿈을 꾸고 있는 한 객관적인 현실을 꿈의 내용으로 치부하기 때문이다.

《꿈의 해석》에서 프로이트는 꿈은 각각 다음과 같이 이루어져 있다고 하며, 두 부분으로 이루어진 구조적 분석을 내놓았다.

드러난 내용manifest content _ 꿈을 꾼 사람이 나중에 떠올려 이야기할 수 있는 내용

잠재 내용latent content _ 현재 내용 뒤에 숨겨져 있거나 암호화되어있는 무의식적인 생각들

프로이트는 꿈에서 관찰할 수 있는 내용은 잠든 동안의 감각적인 경험이 최근의 근심 걱정거리들('주간잔재day residue')과 결합하여 생긴다고 보았다. 한편 잠재 내용은 잠재의식에서 나온 억압된 소망과 욕망들로 구성되며 이것이 드러난 내용과 위장된 형태로 연결된다('꿈 작업dreamwork'이라고 알려진 과정).

프로이트가 파악한 위장된 무의식적인 생각의 두 가지 주요 방식은 압축condensation(아이디어, 대상, 주제가 하나의 대상이나 사람으로 모아지는 것)과 전치displacement(다른 사람이나 대상 혹은 행동으로 의미가 전이됨)였다. 예를 들어, 파란 차 앞에서 칼에 찔리는 남자를 본다면 당신은 어쩌면 폭행범에 대한 공포를 파란 차에 대한 두려움으로 옮겨 놓을 수도 있다.

프로이트는 이렇게 말했다.

"꿈 전치와 꿈 압축은, 꿈이 가정한 형태를 귀속시킬 만한 활동을 다스리는 두 가지 관리 요소다."

그는 책에서 다른 대담한 주장도 했다. 아마 가장 잘 알려진 주장은 이것일 것이다.

"해석 작업이 완료되면 우리는 꿈이 우리 내면의 소망과 욕망의 충족 기능을 해 주었다는 사실을 인지하게 된다."

그는 나아가 "꿈의 해법에 몰두할수록 성인이 꾸는 대부분의 꿈은 성적인 문제를 다루고 에로틱한 소망을 표현한다는 사실을 인정하게 된다"고 설명했다.

19세기 후반 유럽의 응접실에서 그러한 논쟁이 어떻게 진행되었을 것인지 쉽게 상상할 수 있다. 그러나 소망 충족과 그것의 성적인 본질은 이후에 더 많이 등장한다.

비록 《꿈의 해석》이 출간 당시 세상에 불을 지르지는 못했지만, 프로이트는 자신이 인간 정신의 이해라는 측면에서 혁명의 도화선에 불을 붙였다고 확신해 마지 않았다. 1909년에 그는 자신이 그 글을 완성한 후 어떤 기분이었는지 회고했다.

"나는 일생의 역작을 완성했다…… 더 이상 할 일이 없었고…… 그대로 누워서 죽는다 해도 괜찮았다."

《꿈의 해석》 이전에 프로이트의 커리어는 주로 히스테리나 신경증 같은 비정상적인 정신 상태를 연구하는 것과 관련이 있었으나, 꿈에 관여함으로써 자신의 영역을 확장하여 '정상'과 '비정상' 모두를 아우르며 정신을 전체적으로 탐구하게 되었다.

그것은 정신 분석의 발전 과정에서 핵심을 이룬다 할 만한 획기적인 저작이었다.

프로이트는 1925년에 그것을 '정상적인 상태를 이해하는 데 필수 불가결한, 새롭고 깊은 정신의 과학이 시작되는 지점'이라고 표현했다.

도라

"꿈꾸기는 간단히 말해서 우리가 억압을 피하고자 적용하는 한 가지 장치로서, 마음속에서 이루어지는 간접적인 표현이라고 할 만한 주요 방법 가운데 하나다."

지그문트 프로이트

《도라의 히스테리 분석 Dora: Fragment of an Analysis of a Case of Hysteria》
1905년

프로이트의 전기 작가 중 한 명인 피터 게이는 《꿈의 해석》은 "꿈에 대한 이야기 그 이상이다. 그것은 솔직하면서도 영리한 자서전이다. 드러내 보여 준 부분만큼이나 생략된 부분에서도 호기심을 자극한다."고 말했다. 실제로 프로이트는 책을 통해 독자가 자신이 꾼 꿈의 풍경에 접근하게 한다.

예를 들어, 그는 한 가지 꿈을 회상한다(혹은 '툰 백작 Count Thun'이라는 긴 꿈의 일부분). 그 안에서 프로이트는 일종의 변장을 하고 나이 든 맹인(혹은 부분적으로 앞을 잘 못 보는) 신사와 기차역에 있는 자신을 발견한다. 프로이트가 남자에게 유리 소변기를 건네자 남자는 프로이트 앞에서 소변을 본다.

프로이트는 그 순간 잠에서 깼고 본인이 화장실에 가야 했다.

그는 이 꿈을 자신이 7, 8세였을 때 생긴 에피소드와 연관된 것으로 분석한다. 실내용 변기를 제대로 사용하지 못하자 아버지 야콥은 프로이트의 어머니에게 아이가 변변치 못한 사람이 되겠다고 말했다. 프로이트는 이 말을 우연히 듣게 되었다. 한편, 꿈속에서 실명은 야콥의 심각한 시력 문제와 연관이 있었고, 안과 수술에서 코카인의 사용을 장려하는 프로이트의 입장과도 관련이 있다. 노상 방뇨에 대해서는, 그 때문에 아버지 같은 존재가 수치스럽고 방어할 수 없는 입장에 처하게 되는데, 이는 여러 해 전 프로이트 자신이 아버지 밑에서 겪은 경험과 유사하다.

그렇게 프로이트는 자신의 인생과 꿈을 연구를 위한 자료로 만들었다.

그러나 가장 유명한 꿈 분석은 《꿈의 해석》 이후 몇 해 동안 발간된 사례 연구 시리즈를 통해 나왔다.

첫 번째 사례는 1905년 도라Dora라는 피험자에 대한 연구이다.

그녀의 사례를 연구한 후 프로이트는 이렇게 언급했다.

"볼 수 있는 눈과 들을 귀가 있는 사람들은 인간이 어떤 비밀도 숨길 수 없다는 사실을 곧 확신하게 될 것이다."

도라(실명은 이다 바우어Ida Bauer)가 1900년에 프로이트에게 왔을 때 그녀는 히스테리로 고통받는 18세 소녀였다. 그녀는 기침, 기억 상실, 편두통, 의식 상실, 우울 등 여러 가지 증상을 보였다. 도라의 아버지는 본인이 프로이트의 진료를 받고 있었기에 딸을 프로이트에게 데려왔다. 그녀는 총 11주간 분석을 받은 후 프로이트의 진단에서 핵심 요소들을 거부하면서 상담을 중단했다.

도라는 애정 없는 결혼 생활을 이어 가던 부모와 함께 살고 있었다.

도라의 부모는 헤르 K와 프라우 K라는 다른 부부와 가까운 관계를 맺고 있었다. 도라의 아버지는 건강이 매우 좋지 않아 고생했고 프라우 K가 가끔 그를 조금 돌보아 주곤 했다. 도라는 개인적으로 프라우 K를 좋아했으나, 아버지와 그녀가 내연의 관계는 아닌지 의심하기 시작했다.

한편, 도라는 헤르 K가 자신에게 성적으로 다가온다고 비난했다.

이 혐의를 헤르 K는 부인했지만 도라의 아버지 역시 의심하는 눈치였다. 도라는 아버지가 프라우 K와의 관계에 방해가 될까 두려워 헤르 K가 도라에게 접근하는 것을 막고 싶지 않은 것 같다고 느꼈음을 고백했지만, 프로이트는 처음에 이 문제에 대한 판단도 유보했다.

도라는 또한 프로이트에게, 집에 불이 나서 아버지가 갑자기 자기를 깨우는 꿈을 반복적으로 꾼다고 했다. 꿈속에서 어머니는 보석함을 찾기 전까지는 집을 나서기를 거부하고, 이 때문에 도라와 다른 자녀를 데리고 긴급히 대피하려는 아버지가 분노한다.

프로이트는 사촌들이 성냥불을 붙이는 습관과 관련된 도라의 무의식적인 두려움을 파악했고, 그 두려움은 위급 상황에서 비상구가 될 수 있는 식당 문을 어머니가 잠가 놓으려고 한다는 사실과도 관련이 있었다.

그렇지만, 프로이트는 꿈속에 등장하는 도라의 아버지가 실제로는 전형적인 전치의 형태로 헤르 K를 나타낸다고 믿었다. 아버지가 갑자기 깨우는 일에 대한 두려움은 그래서 헤르 K의 접근에 대한 도라의 두려움을 반영한다. 헤르 K는 이전에 도라에게 보석함을 주었는데, 보석함은 당시 구어에서 여성의 성기를 암시하는 말로 사용되었다. 불길 속에서 분명한 열정으로 '보석함'을 지키려는 어머니의 태도와 보석함을 지키려고 가족을 위험에 빠뜨리기를 거부하는 아버지의 태도는 각각 프로이트에게는 새로운 상징적 의미를 띠었다.

프로이트가 도라에게 그녀가 아버지와 헤르 K 두 사람 모두에게 억압된 욕망을 품고 있으며, 더불어 프라우 K에 대한 질투와 욕망도 결합되어 있다고 주장하자 도라는 이를 받아들이지 못하고 치료를 중단하기로 한다. 그렇지만, 프로이트의 보고에 따르면, 그녀가 2년 후에 다시 그에게 와서 나중에 K 부부를 대면하자 증상이 사라졌다고 말했다.

프로이트가 이 젊은 여성의 치료에서 미흡한 점을 인식했지만(도라는 자신이 나았다고 느끼지 않았다), 도라의 사례는 꿈의 해석자로서 그의 기술이 진보하는 과정에서 또 다른 랜드마크였다.

"어떤 동물들이 꿈을 꾸는지 알지 못한다. 그러나 속담은…… 알고 있다고 주장한다. 속담에서는 '거위는 무슨 꿈을 꾸나?'라고 묻는다. 그리고 '옥수수'라고 답한다. 꿈이 소망 충족이라는 이론 전체가 이 두 개의 어구에 담겨 있다."

I do not know myself what animals dream of. But a proverb … does claim to know. 'What,' asks the proverb, 'do geese dream of?' And it replies: 'Of maize.' The whole theory that dreams are wish fulfilments is contained in these two phrases.

지그문트 프로이트, 《꿈의 해석The Interpretation of Dreams》, 1899

그대가 원하는 것이 보인다

꿈의 '목적'은 오랫동안 논쟁의 대상이었다.

다가올 사건에 대한 예언인가, 근접한 과거를 반영하는가, 문제 해결 연습인가, 아니면 완전히 다른 무엇인가?

지금까지 아무도 이들 중 어느 하나, 혹은 다른 많은 제안을 정당화할 확실한 근거를 제시하지 못했다. 그러므로 꿈이 소망 충족을 제공한다는 프로이트의 주장은 극적이고 강한 영향력이 있었다.

반면, 소망은 대부분 성적인 본질을 가진 것이라는 제안은 그야말로 스캔들을 일으켰다.

프로이트는 또한 이렇게 말했다.

"꿈의 해석에서, 이러한 성적인 콤플렉스를 다른 모든 요소를 제외할 정도로 과장해서는 안 되지만, 그 중요성은 절대로 잊으면 안 된다."

프로이트는 자신의 꿈을 통해 꿈을 소망 충족으로 보는 이론을 탐구하기 시작했는데 그 꿈은 확실히 성적인 내용은 아니었다.

프로이트는 1895년에 '이르마의 주사'라는 꿈을 꾸었고, 비록 프로이트 자신이 분석에 틈이 있었다고 인정했지만, 그것이 그가 처음으로 철저하게 해석한 꿈이다.

현실에서, 이르마는 1895년 여름 동안 프로이트의 환자였다. 그녀는 프로이트가 제안한 특정한 치료법을 거부했고 건강이 호전되기는 했으나 일부 증상은 계속 남아 있었다. 그 꿈을 꾸기 전날, 프로이트는 동료에게서 이르마가 '나아지긴 했지만 아주 건강한 것은 아니다'라는 말을 들었다. 프로이트는 자신의 꿈을 이렇게 묘사했다.

> 큰 방에서 우리가 많은 손님을 맞이하고 있었다. 손님 중에 이르마가 있었다. 나는 마치 그녀의 편지에 답을 하고 그녀가 내 '해결책'을 아직 받아들이지 않은 것을 책망하려는 듯, 그녀를 한쪽으로 데려갔다.
>
> 나는 그녀에게 말했다. "만일 아직도 통증이 있다면 전적으로 당신의 잘못입니다."
>
> 이르마는 대답했다. "지금 내 목과 위장과 배에 어떤 통증이 있는지 알기나 하시나요. 목이 조이는 것 같아요."
>
> 나는 놀라서 그녀를 보았다. 창백하고 부은 듯했다. 결국 내가 질병의 문제를 놓친 부분이 있다고 생각했다. 나는 그녀를 창가로 데려가 목 안쪽을 들여다보았다.
>
> ……그녀가 입을 벌리자 입 안 오른쪽에 커다란 흰색 부분이 보였다. 다른 곳에는 두드러지게 곡선형의 구조(분명 코의 나선형 뼈를 모델로 한) 위에 있는 백회색의 커다란 딱지들이 있었다. 나는 즉시 M 박사를 불러들였고, 그는 그 검사 소견을 반복하고 확인해 주었다. ……의심의 여지 없이 그것은 감염이었지만 어떻든 간에 이질이 생기고 독소는 제거될

것이다. ……우리는 또한 감염이 어디서 왔는지 즉시 알아챘다.

얼마 전에, 그녀가 몸이 아플 때 내 친구 오토가 그녀에게 주사를 놓았다. (그리고 나는 굵은 글씨로 인쇄된 처방전을 보았다) 이런 류의 주사는 그렇게 생각 없이 놓으면 안 된다. ……그리고 아마도 주사기가 깨끗하지 않았을 것이다.

프로이트는 잠에서 깨자마자 이 꿈의 내용을 상세히 적어 두었다.

전날 동료와 나눈 대화가 꿈의 촉발제가 된 것이 분명하지만 그는 이제 많은 세부 사항을 탐구하고 그것들을 자신의 잠재의식적인 생각들과 연관시키려 했다.

예를 들어, 그는 나선형 뼈 위의 하얀 딱지를 자신의 딸이 앓았던 병과 프로이트 본인이 건강에 대해 가진 염려와 연결시켰다. 그는 또한 어느 환자가 프로이트가 쓴 처방에 나쁜 반응을 보여 좀 더 경험 많은 동료에게 도움을 청해야만 했던 일 등 의사 경력에서 겪은 실패도 언급했다.

그래서 그는 자신의 꿈을 임상의로서 본인의 능력을 비판하는 수단으로 보았으나, 결정적으로, 당시 이르마의 질병을 완전히 치료하지 못해 느낀 죄책감을 완화하는 수단으로 보았다. 그는 책임을 면하고 싶었고 꿈이 그것을 가능하게 해 준 것이다.

거위는 무슨 꿈을 꾸는가? 옥수수 꿈을 꾼다.

프로이트는 무슨 꿈을 꾸었을까? 그는 환자들의 증상을 악화시키지 않고 낫게 해 주고 싶었기 때문에 그런 꿈을 꾼 것이다.

"꿈은 가장 미치광이같이 보일 때 가장 심오한 경우가 많다. 역사상 모든 시대에, 할 말이 있으나 위험을 당하지 않고 말할 수 없는 사람들이 기꺼이 광대 모자를 썼다."

Dreams, then, are often most profound when they seem most crazy. In every epoch of history, those who have had something to say but could not say it without peril have eagerly assumed a fool's cap.

지그문트 프로이트, 《꿈의 해석The Interpretation of Dreams》, 1899

담배는 그냥 담배가 아니다

꿈에 내재한 본질을 이해할 수 있다는 프로이트의 주장은 꿈의 기호와 상
징에 대한 복잡한 해석에 의존하는 부분이 적지 않다.

꿈의 드러난 내용에 등장한 무언가는 중요한 의미를 지닐 수 있다.

설령 그것이 단지 겉보기에 무해한 자질구레한 것에 지나지 않는다 해도
꿈을 꾼 사람의 잠재적인 생각을 풀어 내는 열쇠를 숨기고 있을지 모르기
때문이다.

그러나 프로이트의 상징은 무의식 이론에는 필수적이었지만, 이를 믿지
않는 사람들에게는 비웃음을 사기에 충분했다. 특히 해석의 과정이 과거
나 지금이나 본질적으로 매우 주관적이고 불편할 때가 많기 때문이다. 더
욱이 그것은 종종 명백히 성적인 내용이곤 했다.

《꿈의 해석》은 꿈의 상징들을 어떻게 해독할 것인지에 대한 프로이트의
지침으로 가득 차 있다.

예를 들면,

꿈이 신체 기관과 기능의 상징화를 담고 있으며, 꿈에 나오는 물은 종종 소변을 보고 싶은 자극을 가리키고, 남성의 생식기는 수직의 막대나 기둥 등으로 표현될 수 있다는 것은 온전한 사실이다.

또는

상자, 용기, 함, 찬장, 오븐은 자궁을 의미하고 또한 속이 빈 물건들, 배와 모든 종류의 그릇들이 그러하다.

또는

상징적으로 거세를 표현하기 위해 꿈 작업은 대머리, 머리 자르기, 발치와 목 베기를 이용한다. 만일 꿈에서 생식기에 대한 일상적인 상징이 이중으로 혹은 여러 가지 나타난다면 거세를 회피하는 것으로 보아야 한다.

다른 상징들은 의미가 더 불분명할 수도 있다.

책의 한 부분에서 그는 유대인 여성이 꾼 꿈에 관한 이야기를 했다.

꿈에서 낯선 사람이 그녀에게 빗을 건네주었다.

그런데 그 꿈을 꾸기에 앞서 그녀는 기독교인 구애자와 결혼할 계획을 놓고 어머니와 격렬한 논쟁을 했다.

프로이트가 그녀에게 빗을 보면 무엇이 연상되는지 묻자 여성은 어린 시절의 사건을 떠올렸다. 어머니가 낯선 사람의 빗을 집어 들었다고, 남의 빗을 사용하면 '종족이 섞일' 위험이 있다고 그녀를 꾸짖었다.

바로 그런 기억 때문에 종교가 다른 사람과 결혼하여 결국에는 외면당하게 될 것을 두려워하는 마음의 상징으로 꿈속에 빗이 등장한 것이다.

프로이트의 가장 복잡한 해석 가운데 하나는 1910년에 맡은 늑대 인간Wolf Man에 대한 것이었다.

늑대 인간은 사실 세르게이 판케예프라는 20대 초반의 러시아의 귀족이었고, 정신적인 문제로 인해 거의 정상적인 생활을 하지 못했다.

그가 반복적으로 이야기했던 꿈 때문에 프로이트는 그에게 늑대 인간이라는 별명을 지어 주었다.

그가 이야기한 꿈의 내용은 다음과 같다.

> 꿈에서 시간은 밤이었고 나는 침대에 누워 있었다.
> 갑자기 창문이 저절로 열렸고, 나는 창문 앞 커다란 호두나무 위에 흰 늑대가 몇 마리 앉아 있는 것을 보고 겁에 질렸다. 늑대는 족히 예닐곱 마리는 되어 보였다. 늑대들은 흰색이 뚜렷하고, 여우처럼 큰 꼬리에 개들이 무언가에 주의를 기울일 때처럼 귀를 쫑긋 세우고 있어 여우나 양치기 개에 가까워 보였다.
> 분명 잡아먹힐 것이 분명했고 그것이 너무도 무서워서, 비명을 지르며 잠에서 깼다.

프로이트는 늑대 인간이 네 살 무렵부터 꾸어 온 이 꿈이, 늑대 인간의 신경증이 어디서 왔는지 파악하는 길을 제공한다고 믿었다.

예를 들어, 늑대의 긴 꼬리는 소년의 어린 시절 거세 공포와 관련된 것으로 해석했다.

늘대 자체는 소년의 아버지를 상징했으며, 늑대들이 가만히 있었던 것은 폭력적인 움직임을 역으로 대변했다.

늑대 인간은 상담 과정에서 나중에 두 살 때 오후에 낮잠을 자다 깨어 부모가 격렬하게 성관계 중인 모습을 목격했다는 이야기를 했다. 이것은 그를 두려움에 떨게 했던 장면으로, 그 장면에 관한 기억이 평생 늑대들을 두려워하는 형태로 드러난 것이다.

물론 이것은 프로이트가 상세하게 분석한 내용을 굉장히 압축한 것이지만 꿈의 해석과 꿈속의 상징들이 어떻게 프로이트의 치료 과정에서 필수 불가결한 요소가 되었는지를 알 수 있는 좋은 예라고 할 수 있다.

하지만 그럼에도 불구하고, 프로이트는 사사건건 의미를 읽으려고 하면 정확한 진단도 어렵고 정신 분석 분야 전체의 신뢰도 역시 위험하다는 것을 잘 알고 있었다.

'때로는 담배가 그냥 담배'라는, 달리 말하면 그것이 반드시 남근의 상징은 아니라는 언급은 비록 사실이 아닌 것이 거의 확실하지만, 시가를 좋아하는 것으로 유명했던 프로이트가 한 말이라고 알려져 있다.

그렇지만 프로이트는 한 여자 환자가 꿈속에서 손에 꿈틀거리는 물고기를 쥐고 있었다고 말했을 때 그 같은 생각을 내비쳤다.

그녀는 프로이트에게 그것이 분명 남성의 성기를 표상한다고 자신 있게 주장했다.

프로이트는 물고기 자리 아래서 태어난 철저한 점성가인 어머니가 딸이 프로이트와 만나는 것을 분명하게 반대했기 때문에 물고기는 그녀를 나타낼 가능성이 더 높다고 반박했다.

때로 물고기는 그냥 물고기…… 혹은 여성 가장이지……남성의 성기가 아니라는 것이다.

"모두가 섹스 문제에 대해서는 진실을 숨긴다는 사실을 염두에 두고, 그러한 장애를 찾고자 할수록, 또한 먼저 부정에 직면하더라도 조사를 계속하는 능력이 발전할수록, 성생활에서 병원성 요인들을 더욱 통상적으로 발견할 수 있었다."

The more I set about looking for such disturbances - bearing in mind the fact that everyone hides the truth in matters of sex - and the more skilful I became at pursuing my enquiries in the face of a preliminary denial, the more regularly was I able to discover pathogenic factors in sexual life.

지그문트 프로이트, 1907

섹스는 어디에나 있다

비록 프로이트가 정신 분석에서 성적인 본질을 가진 요소들을 넘어 다른 요소들을 고려해야 한다고 인정했음에도 불구하고, 그의 이름은 빠르게 섹스와 아주 밀접한 관련이 지어졌고 이후로도 계속 그러했다.

음악학 연구가 막스 그라프(꼬마 한스의 아버지)는 이런 말을 했다.

"빈 사교계에서 ……그는 모든 것에서 섹스를 보는 사람으로 취급되었다. 심지어 여성들 앞에서 프로이트의 이름을 거론하는 것이 나쁜 취향으로 간주되기도 했다."

히스테리를 성적인 근원에 초점을 두는 프로이트의 입장은 1890년대 브로이어와 결별한 주요 원인이기도 했으며, 이후 수년간 플리스와의 서신 교환에서 중요한 주제였다.

예를 들어, 1897년에 그가 한 말을 살펴보자.

자위가 바로 그 주요 습관, 바로 '일차적 중독'이며, 알코올, 모르핀, 담배 등 다른 중독들은 단지 그 대용이자 대체물일 뿐이라는 통찰력이 분명해졌다.

1905년경 그는 미국의 신경학자 제임스 퍼트남James Putnam의 옆구리를 찌르며 이런 말을 하고 있었다.

사회가 정의한 성적인 도덕성은, 가장 극단적인 형태로 미국의 그것은, 내게 매우 비웃을 만한 것으로 다가옵니다.
비록 나 자신이 그런 자유를 거의 활용하지 않고 살아왔지만 나는 무한히 더욱 자유로운 성생활을 지지합니다. 적어도 나는 내가 그런 자유를 누릴 자격이 있다고 생각했습니다.

1908년, 그는 「문명화된 성도덕과 현대의 신경 질환」이라는 글에서 이렇게 썼다.

만일 남자가 사랑의 대상을 얻는 데 정력적이라면, 우리는 그가 동일하게 변함없는 에너지를 가지고 다른 목표들도 추구할 것이라 확신한다. 그러나 어떤 이유에서든 그가 강렬한 성적 본능을 충족시키기를 꺼린다면, 삶의 다른 영역에서도 그의 행동은 활기차기보다는 타협적이고 체념한 듯한 형태를 취할 것이다.

카를 융은 1962년에 그보다 약 50년 전에 있었던 프로이트와의 쓰라린 결별에 대하여 이렇게 회상했다.
"프로이트가 그의 성 이론에 감정적으로 특별한 수준으로 몰두하고 있었다는 사실은 틀림이 없었다.
…… 그는 위대한 사람이었고, 더 나아가, 자신의 악령에 사로잡힌 사람이었다."

'성 전문가'로서 프로이트의 명성을 공고하게 한 저작은 1905년에 출간된 《성욕 이론에 관한 세 편의 에세이Three Essays on the Theory of Sexuality》이었다.

프로이트는 이 책을 《꿈의 해석》과 더불어 자신이 쓴 최고의 책으로 생각했다. 여기서 그는 인간의 성에 대한 대단히 중요한 이론을 특히 어린 시절과 관련지어 제시했다. 이는 20세기 초의 대중 사이에 엄청난 논란을 일으킨 주제였다.

세 편의 에세이 중 첫 번째 글의 제목은 「성적인 일탈」이었다.

이 글에서 그는 성적 도착의 본질을 점검하고 '성적 대상(성적인 끌림의 대상을 의미)'과 '성적 목적(성욕이 열망하는 행동)'을 구분했다.

그는 '정상적인' 성적 목적을 '성교라는 행동 안에서 이루어지는 생식기의 결합'으로 특징지었다. 이것이 성적인 긴장을 해소하여 일시적으로 성적 충동을 소멸시킨다. 마치 굶주림을 해소하는 것과 유사한 만족이다.

그리고 나서 그는 (비록 미친 사람들의 성적 도착이라고 간주되지만 '보통' 사람들에게서도 분명하게 나타난다고 하면서) 소아성애와 수간, 그리고 동성애 같은 미묘한 주제를 다루며 주장을 펼쳤다.

인지된 성적 도착의 근원은 피험자의 어린 시절 경험에 뿌리를 두고 있다고 예측할 만한 결론을 내렸다.

두 번째 에세이 「유아 성욕」에서는 출생부터 어린이의 성적 발달 과정을 분석하고 심리 성적인 발달이 어떻게 성인기로 이어지는지 조사하고자 했다. 그것은 어린이의 순수함이 이상화될 뿐 아니라 신성하게 여겨지던 당시로서는 정말 충격적인 저작이었다. 프로이트는 초판 발행 후 이 에세이를 10년 이상 상당히 수정하여 다음번에는 더욱 깊이 있게 다루었다고 한다.

마지막 에세이는 「사춘기의 변화The Transformations of Puberty」였다.

이 에세이를 통해 그는 유아 성욕부터 성교라는 목적을 가지는 성인의 성욕에 이르기까지의 발달 과정을 추적하고자 했다.

1920년대까지 이 에세이들은 여러 번 수정을 거쳐, 이 모음집의 길이가 50퍼센트 정도 늘어났다.

그 무렵 프로이트는 관점에서 유아 성욕에서 성인의 성욕으로 가차 없이 이어진 경로를 추적하는 데 주력하고 유아 성욕과 성인기 성욕의 차이에는 관심이 줄어든 것 같았다.

"아기가 젖을 먹고 만족하여 물러나 뺨이 발그레한 채 행복한 미소를 띠고 잠든 모습을 본 사람은 누구나 이 장면이 이후의 삶에서 성적인 만족을 나타내는 원형으로 지속된다는 생각을 하게 된다."

No one who has seen a baby sinking back satiated from the breast and falling asleep with flushed cheeks and a blissful smile can escape the reflection that this picture persists as a prototype of the expression of sexual satisfaction in later life.

지그문트 프로이트,
《성욕에 관한 세 편의 에세이Three Essays on the Theory of Sexuality》

성욕의 주요 단계

심리 성적 발달에 대한 프로이트의 이론들은 우리로 하여금 인간의 성욕이 태어나는 순간부터 발달한다는 개념에 직면하게 하기 때문에 매우 놀랍고 충격적이다. 실제로 그는 인간의 성생활이 유아기와 사춘기부터 성인기로 이어지는 시기, 둘로 뚜렷이 나뉘어 이루어진다는 사실이 동물과 다른 점이라고 주장했다.

성욕은 단지 사춘기 때부터 고개를 든다는 생각, 또한 어린이의 영혼과 정신은 그런 원초적인 욕망에 오염되지 않았다는 생각과 점잖은 사람은 성적인 충동을 통제할 수 있어야 한다는 생각에 익숙한 사회에서 프로이트는 기존의 사회적 규범에 중대한 위협을 나타냈다.

위의 인용문에서 그가 채택한 도전적인 담론을 엿볼 수 있다.

그러나 '보편'을 재정의한 것은 프로이트의 경력에서 두드러진 점이었고, 성욕과 관련해서도 결코 덜하지 않았다.

예를 들어, 그는 자연적으로 고착된 성 충동의 대상(즉, 이성애적인 생식기 성교)이 있다는 생각을 약화시켰고, 따라서 동성애와 양성애가 흔당시

대다수 사람들이 주장했듯이 생리학적인 결함이나 취약한 도덕성 때문에 생기는 것이 아니라 유아의 성 발달의 특정 경로에서 자연적으로 기인할 수 있다는 가설을 제시했다.

더욱이, 그는 신경증과 다른 형태의 정신 장애가 전형적으로 성 발달의 어떤 단계에서 야기되는 불안에서 나온다고 주장했다.

이 성 발달 모델의 중심에는 우리가 리비도(기본적인 성 충동)를 가지고 태어난다는 개념이 있다. 그는 인간이 '다형 도착多形倒錯'상태로 태어난다고 주장했다. 유아는 5-6세에 이르기까지 몸의 모든 부분에서 성적인 쾌락을 얻을 수 있다는 의미다(아직 이성애적이고, 성기 중심의 욕망을 부여하는 사회화 과정에 진입하지 않은).

프로이트는 표준적인 5단계의 성 발달 모델을 설정했다. 단계마다 다른 성감대가 성적 쾌락의 초점이 된다. 그는 각 단계에 관련된 좌절이나 '실패'(예를 들어, 특정한 성감대에 관하여 특히 부모나 다른 사회적 주체의 비난을 받는 일)는 그 특별한 성감대에 대한 고착화로 이어질 수 있고, 이것이 다시금 성인기의 신경증으로 나타날 수 있다고 주장했다.

예를 들어, '항문기'에 부모가 배변 훈련을 할 때 과도하게 엄격하면 아이는 청결이나 정돈에 대해 강박적인 성격을 형성하게 된다. 현대에 와서 대중적으로 알려진 '항문 보유적anal-retentive' 성격을 가리킨다.

그러면 프로이트가 정리한 다섯 단계는 무엇이었을까?

구강기 _ 갓난아기의 인생에서 대략 첫해 동안을 가리킨다.

이 기간 동안은 입이 리비도적인 충동을 만족시키는 주요 수단이다. 이는 젖을 먹는 행동으로 나타나지만 다른 물건들을 입으로 집어넣는 행동을 통해서도 드러난다.

이 단계에서, 아이는 이드에 지배를 받으나 자신이 주변 세계와 구별되는 신체를 가지고 있다는 사실을 인식하면서 자아가 발달한다. 젖떼기 과정은 아이에게 (환경에 대해 제한된 통제력을 가진다는 점을 포함해서) 자기 인식을 가르쳐 주고 지연된 만족이라는 개념을 발전시켜서, (예를 들어, 젖 먹기 같은) 만족을 가져오는 (울기 같은) 전략을 채택하게 한다.

항문기 _ 8개월에서 3년까지의 연령에서 경험한다.

이때 주요 성감대가 입에서 항문으로 옮겨 간다. 배변 훈련은 이 단계의 핵심적인 측면이다.

이드(와 즉각적인 해소와 만족에 대한 욕구)가 자아와 충돌하게 된다(신체의 배설물을 깔끔하게 제거하라는 사회적인 요구 때문에 지연된 만족을 더 받아들일 필요가 생긴다).

프로이트는 1912년에 이렇게 썼다.

"배설물은 너무나 친밀하고 불가분하게 성적인 것과 연관이 있다. (소변과 대변이 나오는 사이에 있는) 생식기의 위치가 결정적이고 불변하는 요인으로 남아 있다. 혹자는 여기서 위대한 나폴레옹의 잘 알려진 격언을 말할 것이다. "

해부학적 구조는 운명이다."

남근기 _ 3세에서 6세까지 이어지며 이때는 생식기가 주요 성감대가 된다. 이 단계에서 어린이들은 점점 더 자신과 다른 사람의 신체 특징을 의식하게 되고 남녀간의 신체적인 차이점이 확실해지고 성별로 기대하는 점도 달라진다. 이 단계는 프로이트가 오이디푸스 콤플렉스라고 명명한 것이 드러나는 시기다. 이것은 프로이트가 제시한 가장 유명하고도 끊임없이 논쟁을 불러일으키는 개념 가운데 하나이다.

잠재기 _ 대략 6세부터 12세까지의 시기로, 이드의 무제한적인 충동이 자아 안에 감추어져 있고 초자아가 집중적으로 발달한다.
어린이는 이제 부모와 다른 권위의 근원이 제시하는 도덕률에 훨씬 더 부합하도록 행동하기 시작한다. 리비도의 충동은 취미와 우정의 발달 등 사회적으로 수용 가능한 만족의 형태를 지향한다.

성기기 _ 5단계이자 마지막 단계는 사춘기부터 성인기에 이르는 시기로, 식별 가능한 성 충동이 (성기에 집중되어) 다시 나타나지만, 이번에는 (남근기와 달리) 자아와 초자아에 의해 완화된다.

프로이트는 성적인 발달 과정을 온전히 탐색하면서 성인은 부모로부터 심리적인 독립을 하고 이성애적 관계와 번식 욕구를 중심으로 하는, 사회적으로 '적절한' 성인의 성생활에 참여할 수 있는 것이라고 생각했다.

프로이트는 어느 특정 단계의 발달이 불완전하게 이루어지면 신경증이 생길 뿐 아니라, 관음증, 노출증 혹은 페티시즘 등의 '도착증'도 생길 수 있다고 상정했다. 한편, 동성애와 양성애에 관한 그의 이론은 본인 스스로도 불완전하다고 인정했지만, 그는 동성애는 자아에 대한 성욕이 뒤바뀐 것이라는 측면에서 볼 수 있다고 주장했다. 프로이트는 급진적인 이론들을 가장 유명한 사례 연구에 적용했다.

바로 '쥐 사나이Rat Man'이다.

피험자는 20대 후반의 에른스트 란처라는 변호사로서 여러 해 동안 다양한 강박 신경증에 시달렸다. 그러나 그의 증상은 1907년 프로이트에게 상담을 받는 시기에 더욱 나빠졌다(치료는 약 6개월간 지속되었다).

란처는 면도칼로 자신의 목을 자르고 싶은 욕망을 비롯하여 일련의 강박증에 시달렸다. 그의 공포는 주로 (나중에 그의 아내가 된) 젊은 여성과 (이미 수년 전 사망한) 아버지의 안전과 관련이 있었다.

쥐 사나이는 아버지에 대한 비합리적인 근심을 떨쳐버리지 못했다.

특히, 그는 자신에게 매우 소중한 이 두 사람이 그가 동료 장교에게서 들었던 섬뜩한 형태의 고문을 겪으리라는 생각에 집착하게 되었다. 이 장교는 쥐 사나이에게 중국에서 기원한 것으로 추정되는 관습을 이야기해 주었다. 단지에 쥐들을 담아 희생자의 엉덩이에 묶어서 쥐들이 밖으로 나가려고 신체를 뜯어먹게 하는 고문이었다.

시간이 흐르면서 프로이트는 환자의 두려움에 내재한 심리적 방어 기제와 상징적이고 언어적인 연상 사이의 상호 작용을 담은 복잡한 그림을 그려 냈다. 그는 쥐 사나이의 신경증이 그의 어린 시절 성적인 경험에 뿌리를 두고 있다는 가설을 제시했다.

특히 프로이트는 쥐 사나이가 (자위와 가정 교사에게 가졌던 성적 호기심을 비롯하여) 어린 나이의 성적인 모험 때문에 아버지에게 혼날 것에 대비한 두려움이 성적인 쾌락과 죄책감 사이의 불가분의 연관성을 만들었다고 믿었다. 벌을 두려워한 나머지, 그는 아내 될 사람에게 그것을 옮겼고, 아버지에 대한 무의식적인 분노가 뭔가 끔찍한 일이 아버지에게 닥칠 거라는 두려움으로 변형되어 나타난 것이다. (비록 이상하게도 죽음이라는 형태로 이미 발생했음에도 불구하고).

그래서 그의 유아 성 발달 이론을 참조하여, 프로이트는 쥐 사나이의 신경증을 해결하려 했다.

그러나 프로이트가 나중에 언급했듯이 이 이야기는 결국 해피 엔딩이 되지 못했다. "환자의 정신 건강은 분석을 통해 회복되었다." 그러나 "가치

있고 장래가 촉망되는 수많은 젊은이들처럼 그는 제1차 세계 대전에서 목숨을 잃었다."

오늘날, 해당 분야의 전문가들은 심리 성적 발달에 대한 프로이트의 많은 업적을 조심스럽게 다룬다.

그의 업적은 미완성이며, 심지어 그가 당시의 가치들에 의문을 제기하는 것처럼 보이더라도 동성애의 치료 사례와 같은 특정 측면에서는 분명 그가 살았던 시대의 가치를 반영한다.

그의 이론 중 많은 세부 사항이 당대에 불신을 받았거나 혹은 프로이트가 그것을 세상에 풀어낸 이후 줄곧 그러했을지도 모르지만, 그 이론들은 계속하여 복잡하고 혼란스러운 우리 개개인이 어떻게 개성과 심리적 기질을 발전시키는지 살펴보게 한다.

"소년은 아버지가 더 이상 가장 힘세고 현명하고 부유한 존재가 아니라는 것을 알게 되어, 아버지에 대한 불만이 점점 더 커지고, 아버지를 비난하고 사회에서 아버지의 위상을 판단하는 법을 배운다. 아버지는 모방해야 할 모범일 뿐 아니라 제거하고 그 자리를 차지해야 할 대상이 된다."

He finds that his father is no longer the mightiest, wisest and richest of beings; he grows dissatisfied with him, he learns to criticize him and to estimate his place in society. He becomes a model not only to imitate but also to get rid of, in order to take his place.

지그문트 프로이트,
「학생 심리에 대한 몇 가지 고찰Some Reflections on Schoolboy Psychology」, 1914

오이디푸스 콤플렉스

프로이트가 내놓은 여러 가지 도전적인 개념을 통틀어 (비록 그 이후의 이론가들이 오랫동안 폭넓게 오류를 지적했음에도 불구하고) 오이디푸스 콤플렉스만큼 대중의 마음에 파고든 개념은 거의 없다.

간단히 말해서, 오이디푸스 콤플렉스는 성 발달 단계 중 남근기의 모든 어린이가 이성의 부모에게 무의식적인 성적 욕망을 가지고 동성의 부모를 배제하고 싶어한다는 개념이다.

이런 소망을 둘러싼 복잡한 감정은 성 발달의 맥락 안에서 온전히 해소되어야 이후에 심리적인 문제를 야기하지 않는다. 한편, 잠재기는 이 콤플렉스를 억압하는 데서 시작된다.

프로이트는 그리스 신화 속 테베라는 도시 국가의 왕 오이디푸스의 이야기를 적용하여 이론을 소개했다.
오이디푸스는 라이오스 왕과 이오카스테 왕비의 아들이었는데 문제는 라이오스가 그와 이오카스테 사이에 자녀가 생길지 알아보러 델포이의 신탁을 받으러 갔을 때 시작되었다.

신탁은 아들이 하나 생길 것이지만 그 아들이 라이오스를 죽이고 이오카스테와 결혼할 것이라고 예언했다. 왕이 조금도 기대하지 않았던 답이었다. 이오카스테가 임신을 하고 아들을 낳자 라이오스는 아이의 발목에 구멍을 내고 (오이디푸스는 '부어오른 발'이라는 뜻) 양치기에게 아이를 산에 버려서 죽게 하라고 명령했다.

그렇지만 양치기는 그대로 시행하지 못했다.

오이디푸스는 결국 자녀가 없던 코린토스의 폴리보스 왕과 메로프 왕비에게 입양되어 궁정에서 자랐다. 성인이 되자 오이디푸스는 폴리보스가 자신의 아버지가 아닐 수도 있다는 사실을 알게 되었다. 그리고 직접 델포이를 찾아가 자신이 아버지를 죽이고 어머니와 결혼하게 된다는 예언을 들었다.

그는 이 예언이 폴리보스와 메로프를 가리키는 것으로 생각하여 코린토스로 돌아가지 않기로 결정한 뒤 테베로 향했다.

테베로 가는 길에, 맞은 편에서 오는 전차의 마부와 논쟁이 붙어 싸움이 나고 그 와중에 마부와 그의 주인 라이오스 왕을 죽였다. 이로써 신탁 예언의 첫 번째 부분이 이루어졌다.

얼마 후, 오이디푸스는 테베를 공포에 몰아넣고 수수께끼를 맞추지 못하는 사람들을 죽이는 스핑크스와 마주쳤다. 그렇지만 오이디푸스는 어려운 수수께끼를 풀고 스핑크스를 죽게 만든다.

오이디푸스는 테베에 도착하자 이오카스테와 임시로 라이오스 대신 왕위에 오른 그녀의 동생 크레온으로부터 영웅으로 대접받았다.

그는 오이디푸스에게 스핑크스를 죽게 한 사람은 이오카스테와 결혼하여 테베의 왕위에 올라야 한다고 말했다. 그렇게 예언이 이루어졌다.

오이디푸스는 어머니와의 사이에 네 자녀를 두었다.

그렇지만 수년이 지나고 테베에 질병이 만연했다. 다시 신탁을 요청하자 이번에는 크레온에게 도시의 불행이 라이오스를 살해한 범인을 정의로 다스리지 못한 결과라는 말을 했다.

협박을 받은 맹인 예언자 테이레시아스가 오이디푸스에게 그가 라이오스의 살해범이라고 밝혔다.

오이디푸스는 그 이야기를 부인하고 크레온이 그에게서 권력을 빼앗으려 음모를 꾸미고 있다고 주장했다. 하지만 더 깊이 조사해 보니 테이레이시아스가 진실을 말하고 있음이 증명되었다. 이오카스타는 남편이 실은 수십 년 전 죽었다고 생각한 자신의 아이라는 것을 알고 목을 매 자살했다. 한편 오이디푸스는 옷에서 두 개의 핀을 뽑아 자신의 눈을 찔렀다. 눈이 먼 채 망명길에 오른 오이디푸스 대신 그의 삼촌이자 처남인 크레온이 왕위를 계승했다.

프로이트는 비록 성별로 다른 측면이 있긴 하지만, 오이디푸스 콤플렉스가 남아와 여아 모두에게 적용된다고 믿었다.

소년은 어머니를 소유하고 싶어서 라이벌인 아버지를 제거하려는 욕망을 품게 된다. 그렇지만, 아버지가 자신의 감정을 알고 하게 될 복수를 두려워한다. 실제로, 소년은 아버지가 이 단계에서 자신이 가장 아끼는 것, 남근을 가져갈 것으로 의심한다. 그래서 소년은 '거세 불안'을 느낀다.

'정상적인' 발달 과정에서, 소년은 아버지 같은 행동을 흉내 내고 동화시켜 이 불안을 치유하기 시작하며, 따라서 자신의 남성적 정체성 발달에 결정적인 사건을 촉발한다. 나아가, 트라우마를 피하기 위해 점차 어머니 대신 일반적인 여성들을 성적 충동의 대상으로 삼는다.

소녀들의 콤플렉스에 대한 프로이트의 이론은 수년 동안 크게 발전했지만, 가장 열렬한 추종자들조차도 만족할 만한 정도는 아니었다.

프로이트에 따르면, 소녀들은 처음에 소년들처럼 어머니를 갈망한다.

그러나 어머니에게 남근이 없다는 것을 깨닫고 '남근 선망'이 생긴다. 남근을 갈망하면서, 소녀의 성적 욕망은 어머니에게서 아버지로 전이된다. 이때 부수적인 역할을 하는 것이 어머니가 자신에게 남근이라는 부속물을 '갖추어' 주지 못했다는 분노다. 아버지를 갈망하고 아버지의 애정을 얻기 위해 주된 라이벌인 어머니를 제거하려는 소망을 품고 소녀는 어머니의 행동을 채택하고 모방한다.

그러나 소녀는 어머니의 사랑을 잃게 될 것이 두려워 모녀간의 긴장과 분노의 감정을 억압한다.

이후 소녀는 자신의 성숙하고 성적인 정체성을 발달시키기 시작하고 아버지에 대한 성적인 감정이 억압되며 남성 전반에 대한 감정으로 바뀐다. 또한, 남근 선망은 아기를 가지고자 하는 욕망 안에 포괄적으로 통합된다.

프로이트의 오이디푸스 이론의 기원을 찾는 작업에 학자들이 여러 해 동안 관여했다.

혹자는 프로이트가 어머니와 유달리 가까웠던 관계('금쪽같은 지기'를 향한 어머니의 애정에서 드러난)와 아버지와의 복잡한 관계에 눈을 돌렸다.

가족을 부양하고자 애를 썼지만 반유대주의 공격에 직면하여 보인 아버지의 약한 모습은 아들의 분노를 부채질했을 가능성이 높다.

비록 야콥이 자녀들을 학대했다는 암시는 사실 여부가 확인되지 않았지만 프로이트는 한때 플리스에게 아버지를 "변태…… 남자 형제의 히스테리와…… 여동생 몇 명의 히스테리에도 책임이 있다"고 묘사한 적이 있다.

1897년경, 프로이트는 아버지를 잃고 얼마 후 소포클레스의 「오이디푸스 왕」 공연을 보고 나서 오이디푸스의 경험에 대해 공개적으로 암시했다.

그 해에 그는 플리스에게 이런 내용의 편지를 썼다.

"내 안에서 어머니를 향한 끊임없는 사랑과 아버지에 대한 질투를 발견했다. 나는 이제 이것을 내 유년기의 보편적인 사건으로 생각한다."

엘렉트라 콤플렉스

한때 프로이트의 제자였던 융은 소녀들에게 있는 현상을 엘렉트라 콤플렉스라고 명명했다.

그리스 신화의 다른 인물, 아가멤논의 딸 이름을 따라 지은 것이다.

아가멤논의 동생 오레스테스는 형에게 자극을 받아 아버지의 죽음에 대한 복수로 어머니 클리템네스트라와 그녀의 연인 아이기스토스를 죽인다.

그렇지만 프로이트는 그 용어가 남성의 오이디푸스 경험과 너무 유사하고 부적절하다고 생각하여 절대 받아들이지 않았다. 프로이트는 남아나 여아 모두 동성의 부모와 동일시하는 능력은 콤플렉스를 성공적으로 해소하는 것으로 보았다. 해소되지 않은 경우의 잠재적인 결과로는 어머니나 아버지에 대한 비정상적인 애착, 신경증, 동성애, 소아성애 등이 있다고 다양하게 제시했다.

《꿈의 해석》에서 그는 오이디푸스에 관해 이렇게 썼다.

> 그의 운명은 그것이 우리의 운명이 될 수도 있었기 때문에 우리를 감동시킨다. 신탁은 그에게 내린 것과 동일한 저주를 우리에게 내렸기 때문이다. 어쩌면, 최초의 성적 충동이 어머니에게 향하고 최초의 증오와 살의를 아버지에게 느끼는 것이 우리 모두의 운명일지도 모른다. 우리의 꿈이 그런 점을 확인해 준다.

그렇지만 1910년이 되어서야 프로이트는 '오이디푸스 콤플렉스'라는 용어를 만들고, 이를 모든 신경증의 근본 원인으로 파악했다.

그는 1938년 사망할 때까지, 특히 여성의 경험에 관하여 이 이론을 계속 수정하고 재평가했다.

꼬마 한스

"이것은 한스의 이미 억압되어 있는 기질이었고, 우리가 아는 한 결코 제약 없이 표현하지 못했던 기질이다. 바로 아버지에 대한 적대감과 질투심, 그리고 어머니에 대한 가학적 충동(말하자면, 성교에 대한 불길한 예감)이다."

지그문트 프로이트
「5세 소년의 공포증 분석Analysis of a Phobia in a Five-year-old Boy」
1909년

오이디푸스 콤플렉스 이론이 여러 해 동안 발전을 거치는 가운데, 이를 뒷받침하는 가장 중요한 사례는 프로이트가 1909년에 맡았던 환자였다. 그가 용어 자체를 대중 담론에 도입하기 1년 전이었다.

꼬마 한스는 프로이트의 가까운 친구였던 작가 겸 비평가 막스 그라프의 아들 헤르베르트 그라프의 가명이었다.

막스 그라프가 아들을 프로이트에게 데려왔을 때 한스는 다섯 살이었다.

이 단계에서 한스는 심각한 말 공포증이 있었다. 프로이트는 이 증상을 치료하는 일을 맡았다. 그렇지만 프로이트는 이 사례를 공포증을 치료할 기회라기보다 원인을 연구할 기회로 보았다. 이 단계에서 그는 이미 오이디푸스 콤플렉스에 대한 자신의 아이디어를 확립하는 데 많은 진전을 이룬 상태였고 한스는 그의 가설을 시험할 완벽한 기회를 제공했다.

그라프는 프로이트의 더 큰 명문을 위해

아들의 사례가 활용되는 것을 상당히 좋아했던 것으로 보인다. 사실, 프로이트는 꼬마 한스를 이따금 직접 만났을 뿐이다. 대신 그는 대부분 프로이트 이론의 지지자인 한스의 아버지와 서신 교환을 하면서 일을 했다. 그라프는 첫 번째 문제를 설명했다.

"아이는 거리에서 말이 자신을 물까 봐 두려워하고 이 두려움은 커다란 음경을 무서워하는 것과 어느 정도 연관이 있는 것 같습니다."

그라프 가족이 마차들이 머물던 여관 맞은편에 살고 있었기 때문에 꼬마 한스에게 이것은 정말 문제였다. 주변에 항상 말이 있었고 한스는 안전한 집을 떠나고 싶어 하지 않았다. 한번은 유모와 외출했다가 말이 사람이 잔뜩 탄 마차를 끌다가 넘어져 죽는 모습을 보았다. 한스는 말발굽이 자갈을 깐 거리에 달그락거리는 소리를 기억했다.

그 사례에 대한 기타 흥미로운 점들 중에 다음과 같은 내용이 있다.

- 한스는 자신의 음경에 ('오줌싸개'라고 부르며) 굉장한 관심을 보여, 어머니에게 꾸지람을 들었다. 또한 아기 엉덩이를 닦는 모습이 포함된 꿈도 꾸었다.
- 한스는 여동생에게 질투를 느낀다고 인정했다.
- 한스는 특별히 입 주위에 검은 표시가 있고 눈가리개를 쓴 말을 무서워했다.
- 어떤 소녀에게 누군가 흰색 말을 만지지 말라고 하는 장면을 보았다고 회상했다.
- 그는 기린이 등장하는 꿈을 꾸었다고 했다.

프로이트는 재빨리 오이디푸스 콤플렉스로 진단했다. 생식기와 항문의 문제에 대한 소년의 관심은 초기 성적 발달 단계와 연관되어 그가 느끼던 성적 충동을 반영했다. 여기에는 어머니를 향한 욕망도 포함되었다. 그의 여동생에 관한 분노(그는 여동생이 욕조에 빠져 죽기를 바랐다)는 프로이트가 보기에 한스가 어머니의 관심을 나눠 가지기 원치 않았다는 근거였다. 한편, 검은색 눈가리개를 쓴 말은 안경을 쓰고 검은색 콧수염을 기른 아버지와 연관성이 있었다. 말을 만지지 말라는 말을 들었던 소녀는 음경을 만지지 말라는 말을 들은 한스의 모습을 나타냈다(한번은 한스의 어머니가 한스를 누군가에게 보내서 고추를 자르게 하겠다고 말하여 아이의 거세 공포를 부채질했다).

그라프는 아들의 기린 꿈을 상세히 설명했다. "밤중에 커다란 기린과 쭈글쭈글한 기린이 방 안에 있었다. 내가[한스가] 쭈글쭈글한 기린을 방 밖으로 데리고 나가자 큰 기린이 소리를 질렀다. 그러다가 큰 기린이 소리지르기를 멈추고 내가 쭈글쭈글한 기린 위에 앉았다."

프로이트는 이 꿈이 소년이 아침마다 부모의 침대에 들어가는 경험과 연관되어 있다고 믿었다. 한스가 무척이나 즐겼던 행동이다. 그렇지만 아버지는 거듭 반대했고, 프로이트는 한스의 아버지를 소년이 쭈글쭈글한 기린(그라프 부인)을 빼앗아 가는 것에 저항하는 큰 기린으로 해석했다. 더욱이, 기린의 긴 목은 큰 음경의 상징으로 해석되었다. 간단히 말해, 한스의 말 공포증은 아버지(말)가 자신이 어머니를 향해 품은 성적인 감정에 대한 벌로 (물어서) 그를 거세시킬 것이라는 억압된 두려움의 표현이었다. 그래서 프로이트는 그라프에게 아들을 안심시키라고 권했고, 그에 따라 증상이 완화되었다는 보고가 있었다. 특히, 두 가지 사건 때문에 프로이트는 한스가 오이디푸스 콤플렉스를 성공적으로 극복했다고 믿었다.

첫째는 그라프가 인형을 가지고 노는 한스의 모습을 보았던 일이다. 한스는 아버지에게 자신이 인형들의 아버지이며 한스의 어머니가 인형들의 어머니이고, 그라프는 할아버지라고 말했다. 이는 자신의 무의식적인 감정을 암묵적으로 받아들였다는 의미다. 다른 한 가지는 한스가 배관공이 자신의 엉덩이와 '오줌싸개'를 떼어내고 새롭게 더 큰 것으로 바꾸어 주었다고 상상했다는 점이다. 이는 세상에서 자신의 성적인 위상에 자신감이 커지는 것을 나타낸다.

프로이트에게 꼬마 한스는 수년간 진행한 이론적인 사고를 확인해 주는 사례이자 적들에 대항하는 강력한 무기였다. 그렇지만 프로이트와 환자의 아버지가 둘 다 공통된 생각을 증명하려는 열망을 가지고 치료를 시작했다는 점을 고려할 때, 치료법의 과학적 진실성에 대하여 비평가들이 의구심을 가질 만 하다. 더욱이, 한스의 공포증이 정말로 오이디푸스 콤플렉스에 기인했다 해도, 프로이트가 그토록 강력하게 오이디푸스 콤플렉스의 보편성을 주장할 만한 충분한 근거가 없었다.

한스는 19세가 되어 프로이트를 다시 만났고 온전히 정상적인 십대의 모습을 보였다. 그는 프로이트의 분석에 기초를 제공한, 아버지와 나눈 대화가 전혀 기억나지 않는다고 말했다.

"실제로 나는 과학자나 관찰자, 실험자 또는 사상가가 아니다. 기질상 정복자일 뿐이다. 말하자면 이런 종류의 사람들에게 특징적인 호기심과 대담성과 끈기를 모두 지닌 모험가다."

For I am actually not at all a man of science, not an observer, not an experimenter, not a thinker. I am by temperament nothing but a conquistador - an adventurer if you will - with all the curiosity, daring and tenacity characteristic of a man of this sort..

지그문트 프로이트가 빌헬름 플리스에게 한 말, 1900

과학자인가?

그가 한 작업의 과학적 타당성에 대한 의문이 평생 프로이트를 괴롭혔고 오늘날까지도 이어진다. 앞서 보았듯이, 프로이트는 그 누구보다도 위대한 과학자가 되기를 갈망했다. 코페르니쿠스, 다윈, 뉴턴, 또는 아인슈타인과 같은 형태의 사고를 하기 원했다.

1938년 죽음을 맞이하기 얼마 전, 그는 이렇게 표현했다.

"그 일이 다른 사람들에게 불편하고 불쾌할 때조차도, 내가 과학적 진실이라고 생각하는 것을 옹호하는 데 평생을 보냈다."

같은 맥락에서, 그는 정신 분석을 '자연 과학'과 '공정한 도구'라고 다양하게 언급하고 '정신 분석적 관점'을 '실증적 관찰을 직접 표현하거나 관찰 내용을 가지고 작업한 과정의 결과물'이라고 묘사했다. 그러나 이는 옹호하기 어려운 주장들이다.

일찍이 1890년대에, 프로이트가 유명 인사가 되기 전, 빈의 동료들이 연구직 자리에 지원한 프로이트를 후원하는 추천서를 제공했다. 추천서에서는 의심할 여지 없는 그의 재능을 인정하면서도, 다른 사람들이 그의 과학적인 방법들에 관하여 우려를 표하게 될 것을 암시했다.

연구의 참신성과 증명의 어려움 때문에 현재로써는 그 중요성에 관하여 분명한 판단을 내기리가 불가능하다. 프로이트가 그것을 과대평가하고 결과를 지나치게 일반화할 가능성이 있다. 어떻든 간에, 이 분야(정신 연구)에서 그의 연구는 남다른 재능과 과학적인 연구의 새로운 방향을 찾는 능력을 보여 준다.

1907년, 한때 그의 친구이자 협력자였던 요제프 브로이어Josef Breuer는 이렇게 경고했다. "프로이트는 절대적이고 배타적인 공식화의 대상이 된 사람이다. 내가 보기에, 이 때문에 과도한 일반화가 필요해진다." 카를 융 역시 프로이트와의 결별 전후에 자신의 멘토였던 프로이트에 대해 유사한 주장을 했다.

프로이트의 과학적인 입장에 의문을 표한 또 다른 인물은 프로이트와 마찬가지로 빈 대학을 졸업했고, 20세기의 가장 위대한 과학 철학자로 꼽히는 칼 포퍼였다.

포퍼의 가장 중요한 작업은 특정한 이론의 과학적 타당성을 시험하는 방식을 확립하는 것을 목표로 했다. 수 세기 동안 '과학적인 방법'에는 귀납적인 추론이 포함되었다. 다시 말해, 구체적인 관찰에서 일반적인 결론을 끌어내는 방식이다.

예를 들어, "내가 본 모든 백조는 희다. 그러므로 모든 백조는 희다."

그렇지만, 일찍이 18세기에 데이비드 흄은 그 방식에 문제를 제기했다. 그는 이런 식으로 내린 결론은 본질적으로 입증할 수 없다고 주장했다. 백조의 경우, 당신이 모든 백조를 점검해 보고 그들이 흰색인 것을 발견한다면 명확히 모든 백조가 흰색이라고 말할 수 있다. 하지만 이는 확실히 불가능하다. 반면에, 단 한 마리의 검은색 백조만 나타나도 이 이론은 무너진다.

포퍼의 해결책은 완전히 새로운 각도에서 과학적 타당성의 문제에 접근하는 것이었다. 그의 반증 가능성 이론에서, 과학적 이론은 실험과 귀납법에 의해 증명이 되기 때문에 타당한 것이 아니라 반증 가능하기 때문에 타당성이 있다고 주장한다(다시 말해, 관찰에 의해 틀렸음이 입증될 가능성이 있다). 그러므로, 모든 백조가 흰색이라는 이론은 관찰에 의해 틀렸음이 증명될 수 있으므로 애초부터 과학적이라고 간주되는 것이다.

그렇지만 포퍼의 평가에 따르면 프로이트의 작업은 이 과학적 관문을 넘지 못했다. 프로이트는 자신의 작업의 과학적 토대를 세우는 데 어려움을 인식했다고 평생에 걸쳐 여러 번 암시했다. 이 부분의 도입부 인용에서 시사하듯이, 프로이트가 엄격한 과학적 조사의 여정을 따르는 만큼이나 어떤 임무나 운동을 수행하고 있다고 생각한 시기가 있었다. 그는 분명 플리스에게 받은 지원으로 인해 들떠 있었다.

플리스는 1895년에 프로이트에게 확언했다.

"……우리는 증명하기 전에 새로운 것을 생각할 용기가 있는 사람들 없이는 견딜 수 없다."

실제로, 아이디어를 증명할 충분한 경험적 증거가 생기기 전에 자신의 아이디어를 내놓으려는 프로이트의 의향은 나이가 들수록 더욱 커졌다. 특히, 1923년에 암 진단을 받고는 발표하고자 하는 욕망이 더욱 간절해져서 혹평을 받았다.

그가 직면했던 (그리고 계속 마주하고 있는) 주요 비난은 그의 작업이 줄곧 지나치게 적은 증거에 뿌리를 두고 있다는 점이다. 여러 차례, 그의 명성을 만든 전위적인 이론들은 부실한 일화로 보일 수 있는 것에 근거를 두고 있었다. 그가 브로이어와 함께 출판한 《히스테리 연구》를 예로 들자면, 다섯 가지 사례 연구를 근거로 했다. 이 연구는 서문에서 인정했듯이, 가장 중요한 증거의 대부분을 미묘한 이유로 생략했다.

> 우리의 경험은 교육받고 교양 있는 사회적 계층 안에서 사적 진료를 하는 데서 나오며, 우리가 다루는 주제는 종종 우리 환자들의 내밀한 삶과 역사를 언급한다. 이런 종류의 자료를 출간하는 것은 중대한 신뢰 위반이 될 것이다…… 그러므로 우리가 관찰한 내용 중 가장 교훈적이고 확실한 부분을 일부 사용하지 못했다. 이는 특히 성적인 관계와 결혼 관계가 중요한 병인이 되는 사례에 적용된다. 그래서 우리의 관점을 뒷받침하기 위해 매우 불완전한 근거만을 내놓을 수 있게 되었다.

"우리를 믿으라. 이를 뒷받침할 근거가 많이 있지만 단지 보여 줄 수 없을 뿐이다"라는 말은 회의론자들을 침묵하게 하기에는 역부족이었다. 하지만 주제의 민감성 때문에 최초의 발견을 하고 이를 뒷받침하는 근거를 확산시키는 데 실제로 난관이 생긴 것도 사실이다.

1930년 작, 《문명 속의 불만》에서 프로이트가 말했듯이, "감정을 과학적으로 다루기가 쉽지 않다." 덧붙여, 그는 만일 그가 환자들과 상호 작용한 것을 진실하게 공개하면 대중이 자신의 환자들에게 어떤 반응을 보일지 초조해했다. 한번은 "독자들의 신중함을 크게 신뢰하지" 않는다고 언급했다.

또 어떤 경우에는, 자기 분석에 대한 정보 공개를 제한하려는 본인의 결정을 옹호하며 이렇게 말했다.

"대중은 내 개인사를 더 이상 알 권리가 없다."

만일 개인사가 명성과 직업적인 위상의 토대라면 이 주장은 그가 인정한 만큼 고려할 가치가 없을 수도 있다.

그의 비평가들도 추측에 근거하거나 단편적인(때로는 둘 다에 해당하는) 이론을 충분히 형성된 이론으로 제시하는 프로이트의 버릇을 비난했다. 꿈의 상징 분석은 잘해야 추측에 근거한 것이었다.

예를 들어, 꿈에 나타난 지갑이 자궁을 나타낸다고 누가 경험적으로 증명할 수 있겠는가? 오이디푸스 콤플렉스를 과학적으로 증명할 수 있다고 믿는 것이 합리적이지도 않다.

그것을 보편적인 사실로 받아들이라는 프로이트의 강요에 의문을 제기하는 것은 정당하다. 우리는 이것이 포퍼를 산만하게 만들었던 이론화의 일종이라고 볼 수 있다.

철학자 루트비히 비트겐슈타인Ludwig Wittgenstein에게도 유사한 영향을 주었다. 그는 "프로이트는 끊임없이 과학적이라고 주장하고 있다. 그러나 그가 제공하는 것은 추측이다. 가설이 형성되기도 전의 무언가를 가리킨다."

이어진 과학적 조사를 통해 정신 분석에 대한 프로이트의 핵심 원리 중 다수에 심각한 의혹이 제기되었다. 프로이트를 전문적으로 다루는 캐나다의 사회 문화 이론가 토드 뒤프레인에 따르면, "역사상 주요 인물 중 프로이트만큼 거의 모든 중요한 원리들에 대해 환상적인 오류를 범한 사람은 없다."

오늘날 오이디푸스 콤플렉스를 인간 행동의 순수한 동인으로 크게 주목하는 과학자는 거의 없다. 우리들 각자가 자아, 이드, 초자아의 상호 작용에 종속되어 있다거나 일반적으로 프로이트가 제시한 성 발달의 고정된 패턴을 따른다는 이론을 주류에서 수용하지도 않는다. 꿈의 기능에 대한 현재의 이해는 프로이트의 이론을 훨씬 넘어섰고, 여성의 성과 성 역할 및 동성애에 대한 그의 개념들은 다분히 그가 살았던 가부장적 사회의 사회적 태도에 의해 형성된 것이기에 도움이 되지 않는 것으로 간주되곤 한다.

그럼에도 불구하고 프로이트는 실제로 학계에 이전에는 거의 없었던 (비록 불완전하게 형성되었지만) 과학적인 활력을 불어넣었다.

그의 개념들 다수가 불신을 받고 그 오류가 드러났지만 어떤 근본적인 부분에서는 그가 위대한 일을 성취했다. 그가 제시한 무의식 모델의 세부 사항은 과학적으로 뒷받침할 수 없을지 몰라도 그는 무의식의 역할을 밝혀

냈다. 그의 꿈 해석은 온전한 스토리가 아니지만, 그는 우리의 꿈이 잠재된 정신적 과정을 알아보는 단서를 제공할 수 있다는 사실을 보여 주었다.

그가 성 충동(이후에는 죽음 충동까지)의 역할을 과대평가했을지 몰라도, 주요한 정서적인 충동이 인간의 행동을 이해하는 데 중요하지 않다고 주장하는 사람은 거의 없을 것이다. 간단히 말하면, 그렇다. 프로이트는 오류를 범했지만, 언제나 모두 틀린 것은 아니었다. 그리고 그가 없었다면, 인간 정신에 대한 우리의 이해는 현재 수준보다 엄청나게 뒤처져있을 가능성이 높다. 그는 또한 과학이 우리를 어디로 이끌어 줄 것인지에 관하여 놀라울 만큼 개방적인 사고의 소유자였다. 예를 들어, 《쾌락 원리 너머》(1920)에서 그는 생물학을 이렇게 칭했다. "무한한 가능성을 가진 땅…… 우리는 수십 년 후 생물학이 어떤 대답을 줄지 가늠할 수 없다. 그 해답들은 어쩌면 우리의 가설이 만든 인공적인 구조를 모두 날려 버릴 종류일 수도 있다."

어쩌면 이제 우리는 프로이트를 전통적인 의미의 과학자가 아닌 다른 사람으로 보는 것이 나을지도 모른다. 이미 전 세계의 대학 학부에서는 프로이트를 비과학적인 학과에서 더 자주 언급하고 있다. 영국의 작가이자 정신과 의사 겸 정신 분석가였던 앤서니 스토Anthony Storr는 이렇게 말했다.

> 그 분야의 역사상 아주 초기에 정신 분석은 상담실의 좁은 한계를 벗어
> 나 인류학, 사회학, 종교, 문학, 예술, 신비주의에 침입했다.

"말은 원래 마술이었고 오늘날까지 말은 고대의 마술적인 힘을 많이 간직하고 있다. 말로 사람이 다른 사람을 엄청나게 행복하게 하거나 절망에 빠지게 할 수 있고, 말로 교사가 지식을 학생들에게 전하고, 말로 연사가 청중을 공감하게 하고 그들의 판단과 결정을 확인한다."

Words were originally magic, and to this day words have retained much of their ancient magical power. By words one person can make another blissfully happy or drive him to despair, by words the teacher conveys his knowledge to his pupils, by words the orator carries his audience with him and determines their judgements and decisions.

지그문트 프로이트, 《심리분석 개론 강좌》, 1917

프로이트처럼 읽어 보자

프로이트는 엄청난 독서가로, 기술적인 보고서와 과학 논문부터 시대를 넘나드는 고전 문학까지 모든 것을 흡수했다. 모든 텍스트는 다른 사람의 정신으로 인지한 세상을 (혹은 세상의 어떤 면을) 설명하고 있기에 정신분석 발전에 활용할 수 있는 원천이었다.

그가 수많은 과학자들의 글에 심오한 영향을 받았음을 인정하지만, 여기서는 좀 더 문학적인 분야에서 프로이트의 취향을 살펴보고자 한다.

그는 고대 그리스 사상가들 중에서 저명한 아리스토텔레스Aristotle의 저작을 열정적으로 읽었으며, 영국의 공리주의자 존 스튜어트 밀John Stuart Mill을 존경하여 그를 "일반적인 편견의 지배에서 벗어날 수 있는 금세기 최고의 능력자"로 묘사했다. 그가 좋아했던 또 한 사람은 루트비히 포이어바흐Ludwig Feuerbach였다. 그의 책《기독교의 본질》에 나타난 조직화된 종교에 대한 비평은 프로이트에게 특히 흥미로웠다.

그렇지만, 프로이트와 가장 흔히 연관되는 철학자는 프리드리히 니체Friedrich Nietzsche다. 실제로, 프로이트는 니체의 개념들을 훔쳐왔다는 비난을 너무나 확실히 알고 있기에 니체를 읽지 않았다고 주장했다(니체는

1844년부터 1900년까지 생존했으므로 두 사람의 활동 기간이 겹친다). 그러나 프로이트가 반복적으로 니체를 참조했으므로 그 반대를 짐작게 한다. 프로이트가 니체의 저작물 대부분을 잘 알고 있었으며 또한 그의 대단한 팬이기도 했다는 점은 분명하다. 그는 니체에 대하여 "이 세상에 살았거나 살았을 만한 어떤 사람보다도 자기 자신에 대하여 예리한 지식"을 가졌으며 "그의 추측과 직관은 종종 정신 분석이 애써 발견한 지식과 매우 놀랍게 일치한다"고 말했다.

프로이트는 유럽 문화의 위대한 작가들 작품도 다수 즐겨 읽었다. 그들이 창조한 인물들 때문만이 아니라 그 인물들을 바탕으로 자신의 생각들을 시험해 볼 수 있기 때문이었다. 예를 들자면, 셰익스피어는 해소되지 못한 오이디푸스 콤플렉스의 전형적인 사례로 볼 수 있는 햄릿을 만들어 냈다. 고대 작품 가운데, 프로이트는 호머의 작품(《일리아드》와 《오디세이》)을 읽었고, (오이디푸스 왕 이야기를 쓴) 소포클레스의 작품도 물론 읽었다. 조금 더 현대와 가까운 고전 가운데에는 존 밀턴(특히 《실낙원》)과 괴테의 풍성한 작품들(독일어로 된 가장 위대한 작품이라는 평가를 받는 《파우스트》를 특히 좋아했다)이 있었다. 이 모든 작가들이 의식과 무의식 사이의 복잡한 상호 작용이 보이는 풍성한 이야기들을 제공했는데, 그중 일부는 무의식이라는 개념이 일반적으로 사용되기 천 년 전에 쓰인 것들이다. 프로이트가 평생에 걸쳐 인용했던 다른 저자들을 엄선하면 다음 인물들이 포함된다.

- 에두아르드 데커Eduard Dekker (가명은 물타툴리Multatuli) _ 풍자 소설《막스 하벨라르Max Havelaar》로 널리 알려진 네덜란드 소설가.

- 찰스 디킨스Charles Dickens _ 특히《데이비드 코퍼필드》를 좋아하여 약혼 때 마르타에게 이 책을 한 권 주었다. 프로이트는 등장인물들이 디킨스식으로 가장 "개인화"되었고 "끔찍하지 않으면서 나쁜" 사람들이기 때문에 디킨스 작품 중에서 이 책을 가장 좋아한다고 설명했다.

- 표도르 도스토예프스키Fyodor Dostoyevsky _ 프로이트는《카라마조프 가의 형제들》을 "지금까지 쓰인 소설 중 가장 훌륭한 소설이며, 세계 문학의 최고봉 가운데 하나로 꼽히는 '대심판관' 에피소드는 아무리 높이 평가해도 지나치지 않다"라고 평가하는 유명한 글을 썼다.

아나톨 프랑스Anatole France _ 작품 가운데《흰 돌》에는 기독교 신앙의 진화와 반유대주의에 대한 성찰이 담겨 있다.

- 테오도어 곰페르츠Theodor Gomperz _ 오스트리아의 철학자, 언어학자로 대표작은《그리스의 사상가들》이다.

- 하인리히 하이네Heinrich Heine _ 독일의 작가 겸 시인. 프로이트는 하이네의 작품을《농담과 무의식의 관계》에 활용했다.

- 고트프리트 켈러Gottfried Keller _ 스위스 작가로《젤트빌라 사람들》의 저자

- 러디어드 키플링Rudyard Kipling _ 19세기부터 20세기에 걸쳐 활동한 영문학의 거장. 프로이트는《정글북》을 의인화된 동물들이 등장하는 우화집이라고 칭송했다.

- 매콜리 경Lord Macaulay _ 《비평적이고 역사적인 에세이: 에든버러 리뷰 기고문Critical and Historical Essays: Contributed to the Edinburgh Review》를 썼다.
- C. F. 마이어C. F. Meyer _ 스위스의 사실주의 시인으로 《후텐 최후의 나날Huttens letzte Tage》의 저자.
- 드미트리 메레시콥스키Dmitry Merezhkovsky _ 소위 러시아 시 문학의 '실버 에이지'의 중요 인물.
- 마크 트웨인Mark Twain _ 특히 기교가 넘치는 《새 스케치와 오래된 스케치》
- 요한 바이에르Johan Weier _ 16세기 네덜란드의 내과 의사. 프로이트는 마술에 관한 그의 글과 마법을 행한다고 비난받는 사람들은 실제로는 정신병이 있다는 주장에 특히 끌렸다('정신적으로 병들었다'는 표현은 바이에르가 만들었다고 알려졌다).
- 에밀 졸라Émile Zola _ 프로이트는 4복음서 소설의 첫 편인 《풍요Fecondite》를 높이 평가했다고 알려졌다.

프로이트가 문학이라는 깊은 우물에서 물을 마셨지만, 그는 자신이 살던 시대의 문학적 결과물에 대해서는 확신이 부족했던 것 같다.
1908년에 그는 이렇게 말했다.

현대 문학은 모든 열정을 자극하고, 성과 쾌락을 갈망하고 모든 근본적인 윤리 원칙과 이상을 경멸하도록 고무하는, 가장 미심쩍은 문제들과 주로 관련이 있다. 문학은 병적인 인물들과 정신병적 성생활, 혁명과 다른 주제들을 독자의 정신으로 데려온다.

그럼에도 불구하고, 프로이트가 칭찬했던 한두 명의 동시대인들이 있었다. 그 가운데는 오스트리아인 아르투어 슈니츨러 Arthur Schnitzler가 있다. 그는 1897년작 《윤무》로 가장 널리 알려졌는데, 열 쌍의 인물들이 성교하기 전후의 상황을 묘사하여 당대에 스캔들을 일으켰다. 1899년, 그의 연극 《파라켈수스》를 보고 나서, 프로이트는 감동하여 "시인이 얼마나 많이 알고 있는지" 놀랐다고 말했다.

1922년, 프로이트는 슈니츨러에게 편지를 써서 "당신은 내가 다른 사람들을 대상으로 힘들게 일하여 발굴해야 했던 모든 것을 직관을 통해 배웠습니다 — 비록 실제로는 민감한 성찰의 결과이지만"이라고 전했다.

슈테판 츠바이크 Stefan Zweig는 사적으로 친구가 된 또 다른 오스트리아 작가였다. 츠바이크는 《체스 이야기》, 《낯선 여인의 편지》, 《위로하는 정신》 같은 작품으로 1920년대와 1930년대에 슈퍼스타였다. 프로이트는 츠바이크의 소설과 논픽션이 자신의 여러 가지 아이디어와 비슷하다고 믿고 1924년에 츠바이크에게 1907년 쓴 「창조적인 작가와 몽상」이라는 강의 원고를 주었다. 그 안에서 프로이트는 창조적인 글쓰기는 억압된 욕망을 표현하는 성인 유희의 한 형태라는 개념을 논했다.

"죽음이나 파괴의 본능이 존재한다는 가정은 분석적인 집단
에서도 저항에 부딪혔다."

The assumption of the existence of an instinct of death
or destruction has met with resistance even in analytic
circles.

지그문트 프로이트, 1930

죽고 사는 문제

1920년에 프로이트는 「쾌락 원리 너머」라는 에세이를 발표했다. 가장 열정적인 지지자들도 인간은 그가 에로스Eros라고 칭한 '삶 충동'과 프로이트의 조수로 일한 적이 있는 빌헬름 스테켈이 타나토스Thanatos라고 부른 '죽음 충동' 사이에서 지속적인 갈등을 겪는다는 핵심 이론을 받아들이기 어려워 결국 이것은 그의 경력에서 가장 논란이 되는 부분으로 꼽히게 되었다.

그는 ('사랑'을 나타내는 고대 그리스어에서 나온) 에로스의 특징을 창조성, 조화, 성욕 같은 긍정적인 속성과 더불어, 리비도를 통해 전달되는 우리의 자기 보존(과 종의 보존) 및 출산 욕망을 가능하게 하는 것으로 보았다. 대조적으로 ('죽음'을 나타내는 고대 그리스어에서 나온) 타나토스가 우리로 하여금 궁극적인 자기 파괴를 향해 가도록 촉구하고, 공격성, 반복, 강요 등의 유익하지 않은 행동들을 지향하도록 압박한다고 했다. 이것은 주로 쾌락 원리의 지배를 받는 자아에 대한 프로이트의 초기 모델로부터 크게 벗어난 것이었다.

당시 그는 자아가 쾌락을 일으키고 불쾌감을 피하는 목표를 향하여 정신을 규제한다고 말했다.

하지만 세월이 흐르면서 프로이트는 환자들에게서 쾌락 원리가 가장 지배적이라는 자신의 가정에 반하는 듯한 행동들을 목격하게 되었다.

그는 트라우마가 있는 사람들이 (특히 제1차 세계 대전의 공포를 견뎌 낸 사람들이) 지표가 되는 트라우마 사건을 심리적으로 반복하려 한다는 것을 발견했다.

예를 들어, 그는 트라우마 환자의 꿈이 종종 '사고 현장의 상황으로 환자를 반복적으로 데려가는 특징이 있다'고 지적했다. 개인이 잠재의식적으로 불쾌감을 다시 체험했기 때문에 이는 분명 쾌락 원리와 일치하지 않는다.

또, 그는 18개월 된 손자가 반복적으로 엄마가 자리를 비우는 장면을 재연하는 놀이를 하는 것을 발견했다(아이의 어머니는 일상생활 중에 몇 시간 동안 아이를 떠났다).

프로이트는 '그렇다면, 이 괴로운 경험을 놀이로 반복하는 것이 어떻게 쾌락 원리와 일치하겠는가?'를 고민했다.

그는 고통스러운 기억을 억압해 온 환자들이 그 기억을 트라우마 사건의 맥락에 두기보다는 (예를 들어, 신경증 같은) 현재의 경험 가운데 재연하는 것을 보았다. 그러므로 그는 혹시 쾌락 원리에 우선하는 '반복의 강요'

가 있는지 궁금해했다.

프로이트의 놀랄 만한 결론은 인간에게는 '사물의 초기 상태를 복구하려는' 충동이 있다는 것, 그리하여 궁극적으로는 모든 생명이 처음 등장한 무기물의 상태inorganic state로 돌아가려 한다는 것이었다. 그러므로, 에로스가 우리를 삶으로 몰아가는 반면 타나토스는 생명이 없는 상태로의 회귀를 갈망한다.

그는 이렇게 적었다.

"모든 생명의 목표는 죽음, 혹은 죽음을 회고적으로 표현하는 것이다. 죽은 것은 산 것 이전에 존재했다."

프로이트라면 성경의 암시를 인정하지 않았겠지만, 우리는 여기서 창세기 3장 19절을 떠올릴 수 있다.

"네가 얼굴에 땀이 흘러야 식물을 먹고 필경은 흙으로 돌아가리니 그 속에서 네가 취함을 입었음이라 너는 흙이니 흙으로 돌아갈 것이라 하시니라."

"다음은 추정이다. 종종 설득력이 없어 독자가 자신의 개인적인 취향에 따라 고려하거나 무시하게 될 것이다."라고 도입부에 적은 것으로 보아 심지어 프로이트조차도 자신의 드라마틱한 새 논문에 확신이 없는 듯했다.

그렇지만 그 다음 몇 해에 걸쳐 자신이 대단한 것을 이루어 냈다는 자신감이 생긴 것으로 보인다.

예를 들어, 1924년에 그는 "리비도는 파괴 본능을 무해하게 만드는 임무가 있으며, 그 본능을 외부로 확장하여 방향을 바꾸는 방식으로 그 임무를 수행한다…… 이 본능은 파괴 본능, 지배 본능, 혹은 권력 의지라고 한다"라고 선언했다.

1930년이 되자 그는 《문명 속의 불만》에서 분명하게 밝혔다.

"우선 여기에 내가 개발한 관점을 단지 잠정적으로 제시했지만 시간이 흐르면서 그 관점들이 내게 분명해져서 이제는 더 이상 다른 식으로 생각하지 않는다."

그렇지만 다른 사람들은 여전히 확신이 없었다.

영국의 심리학자 윌리엄 맥두걸William McDougall은 죽음 충동에 대한 이론을 '프로이트의 괴물 전시관에서 가장 이상한 괴물'이라고 묘사했다. 심지어 프로이트를 가장 많이 지지하던 앨프리드 존스Alfred Ernest Jones도 1953년도 전기에서 「쾌락 원리 너머」는 그의 모든 글에서 독특하게 드러나는 대담한 추측을 보여 주었으며, 프로이트의 저작 중에서 유일하게 지지자들에게 거의 받아들여지지 못한 이론이라고 썼다.

"시대가 우울하다. 다행히도 시대를 밝히는 것은 내 일이 아
니다."

The times are gloomy; fortunately it is not my job to
brighten them.

지그문트 프로이트가 아르놀트 츠바이크에게 한 말, 1935

존재의 고통

죽음 충동 이론은 부분적으로 프로이트를 오랫동안 괴롭혔던 문제에 대한 해결책이었다. 만일 삶이 쾌락 원리의 지배를 받고 리비도에 의해 좌우된다면, 왜 그렇게 많은 인간 행동이 쾌락을 유도하는 것과 반대 방향으로 보이는가? 달리 말하면, 리비도의 욕망에 반하여 작동하는 이 괴상한 경쟁적 충동은 무엇일까? 죽음 충동 이론의 형성에는 이론적인 문제를 다루고자 하는 공정한 욕구 그 이상이 있었던 것 같다. 프로이트는, 본인이 인정하듯이, 우울증이 있었고 죽음 충동 이론은 프로이트가 그 이론을 고안하던 시기에 가졌던 우울한 세계관의 영향을 받은 것이 분명하다.

우리가 이미 보았듯이 프로이트는 어린 시절부터 성인기까지 다양한 고생을 겪었으며 종종 우울하고 화를 잘 내는 것처럼 보였다. 그렇지만, 그의 인간관은 1차 세계 대전과 불필요한 학살에 직면하여 새로운 침체를 겪었다. 예를 들어, 분쟁의 첫해인 1914년에 그는 러시아 태생의 정신 분석 학자 루 안드레아스 살로메Lou Andreas-Salomé에게 편지를 썼다. "나는 낙관주의자가 될 수 없고 비관주의자와 다른 점이 있다면 단지 사악하고 어리석고 무분별한 일들에 화를 내지 않는다는 것이다. 나는 처음부터 그것들이 세상을 구성하는 요소에 속한다고 받아들였기 때문이다."

그가 정말로 '사악하고, 어리석고, 무분별한 일들'을 그의 주장대로 받아들였는지는 매우 의심스럽다.

1915년에 「전쟁과 죽음에 관한 고찰」로 묶인 두 편의 에세이에서 그는 삶은 본질적으로 부담이라는 감각을 유지했다. 그는 말했다.

"생명을 가진다는 것은 결국, 모든 살아 있는 존재들의 1차적인 의무다."

2년 후, 그는 또 다른 에세이 「애도와 멜랑콜리아」를 출간했다.

여기서 그는 두 가지 상태 사이의 차이점과 유사성을 상실에 대한 반응으로 분석했다. 한 세대의 유럽 젊은이들이 전멸해 가는 과정에 있었다는 점을 고려하면 그것은 새로운 차원의 타당성을 획득한 주제였다. 심리학적인 관점에서, 프로이트는 애도가 사랑하는 대상이나 인물의 상실로 인해 생겨난 슬픔을 다루는 의식적인 (건강한) 과정이라고 주장했다. 한편 멜랑콜리아는 완전히 식별되거나 이해되지 않은 무엇에 대한 무의식적인 비통함으로 파악된다(그래서 불면증과 소화 장애 등의 증상으로 드러난다).

프로이트 자신이 세상의 무게를 어깨에 짊어지고 있었다는 느낌은 이 시기에 쓴 그의 글에서 감지된다.

1920년에 그의 사랑하는 딸 소피를 유행성 독감으로 잃고, 얼마 지나지 않아 '죽음 충동'이라는 용어를 발표한 것을 보면, 삶이 과학에 어느 정도 영향을 끼친 것이 아닌지 짐작할 수 있다.

1923년도 좋지 않았다. 그해에 네 살 반이던 소피의 아들 하인츠가 폐결

핵으로 사망했다. 프로이트는 손자를 '내가 만난 가장 영리하고 사랑스러운 아이'로 생각했기에 아이의 죽음은 새롭고 엄청난 충격이었다.

그는 "그렇게 큰 슬픔은 경험해본 적이 없는 것 같다", "근본적으로 내게는 모든 것이 의미를 잃었다"고 썼다.

더불어, 프로이트는 턱과 입천장에 암이 있다는 진단을 받은 후 고통스러운 수술을 33번 받게 되는데 그 중 첫 번째 수술을 그해에 받았다. 그 과정에서, 위턱 전체와 입천장 오른쪽을 잘라냈다. 그 때문에 입과 비강 사이에 불편한 인공 기관을 끼워야 했다. 남은 생애 동안 그는 음식 섭취에 장애를 겪었고 약해지는 청력으로 고생했으며 말을 하는 데도 한계가 있었다.

암과 그것을 치료하려는 시도로 인해 끊임없는 고통을 겪었고, 그것은 그의 후기 저작에서 드러나는 전반적인 우울과 권태의 분위기에 일조했다.

1922년에 그는 산도르 페렌치Sándor Ferenczi에게 '사람들과 혐오스러운 세상을 경멸하는 것'에 대해 썼다. 1920년대 말에 안드레아스 살로메에게 쓴 편지로 보아 그의 관점이 약해졌다는 증거는 거의 없다.

"내 친애하는 동료 인간들이 소수의 예외를 제외하고는 무가치하다는 점을 내 마음 깊은 곳에서 확신하지 않을 수 없다."

그러나 삶에 대한 실망은 1937년, 그의 동료이자 친구였던 덴마크와 그리스의 공주 마리 보나파르트에 대한 관찰에 가장 잘 요약되어 있다.

"사람이 삶의 감각이나 가치에 대해 질문하는 순간 그 사람은 아프다. 객관적으로 둘 다 존재하지 않기 때문이다."

"여성의 정신세계를 30년간 파고들었지만 누구도 해결하지 못했고 나 역시 답을 찾지 못한 문제가 있지. 바로 여자는 무엇을 원하느냐 하는 문제야."

The great question that has never been answered and which I have not yet been able to answer, despite my thirty years of research into the feminine soul, is "what does a woman want?

지그문트 프로이트가 마리 보나파르트에게 한 말 (1953년 어니스트 존스 인용)

여자라는 종족

만약 프로이트가 남자 동료를 신기하고 보잘것없다고 생각했다면, 여자란 인격이나 직업 어느 측면으로 보든 도무지 알 수 없는 존재라고 여기는 것도 무리는 아닐 것이다.

프로이트의 전 생애가 사회의 통념을 깨뜨렸다고 평가받을는지는 몰라도, 여성을 대하는 그의 태도는 그 시절을 지배하던 가부장 이데올로기에 크게 영향을 받았다. 게다가 그런 가부장 이데올로기는 제대로 프로이트의 잠재의식에 스며들었다. 그래서 현대의 독자라면 사회적으로 구조화되었다고 여길 만한 태도를 프로이트는 반박할 수 없는 사실로 보았다.

성별에 따른 사회적 기대 수준의 차이를 예로 들어 보자. "여성들은 가족과 성생활에 관심을 보이는 반면, 문명 생활과 관련된 일은 점점 남성들의 업무가 되어 간다. 남자들에게 어려운 일을 맡겨서 그들의 욕망을 승화시킬 수 있게 했다. 여자는 그런 일에 소질이 없다."

여기에 언급한 몇 줄로도 드러나지만, 우리는 프로이트가 성별에 보편적인 가치를 부여한다는 것을 금세 알 수 있다. 여성은 성적인 역할과 집안일로만 규정된다. 반면에 남성은 가족을 부양하기 위해 본성을 억압하게 된다. 프로이트는 남자가 하는 일을 여자가 아예 못할 거라고 믿었다. 그 일을 수행하는 데 다소 지장을 받는다는 수준의 문제가 아니다. 프로이트는 천 년 이상 지속되면서 객관적 사실이라고 통용되던 사회의 가부장 모델을 그대로 답습했다. 그의 견해는 자기가 어머니 때부터 봐왔던, 두드러진 역할을 하는 많은 여성에 대한 개인감정의 혼돈 때문에 생겼다는 것이 정설이다.

《문명 속의 불만》을 집필할 때도 사랑의 개념에 익숙했던 것은 아니었다. "사랑에 빠졌을 때처럼 고통을 막을 보호 장치가 없는 경우가 없고 사랑하는 대상을 잃었을 때처럼 외로운 경우도 없다." 프로이트의 연구가 인간의 정신을 좀 더 이해하는 데 치중하는 동안 여성을 관찰하면서 생겨난 프로이트의 감정은, 이해와는 별개로 그의 내면에 완강하게 자리 잡았다.

《아마추어 정신 분석가의 문제 The Question of Lay Analysis》에서 언급된 내용에 살펴보자. "우리는 남자아이에 비해 여자아이의 성생활에 대해 아는 바가 거의 없다. 하지만 이런 차별을 부끄러워하지 않아도 된다. 어쨌든 성인 여성의 성생활은 미지의 대륙이다."

여기서 우리는 흥미로운 문제와 맞닥뜨린다.

프로이트가 죽을 때까지 같이 지낸 아내 마르타 베르나이스와의 결혼 생활이다. 프로이트가 아내를 사랑했던 것은 의심의 여지가 없다. 젊은 시절 두 사람은 약 천 통의 편지를 주고받았다는 것이 이런 사실을 입증해 준다. 자녀 여섯 명을 둔 것을 봐도 알 수 있다. 그럼에도 모든 게 속속들이 밝혀지지는 않았을 거라는 암시 또한 한결같이 따라다녔다.

《농담과 무의식의 관계》(1905)에 언급한 내용을 보자.

"결혼이라는 게 남편의 성욕을 충족시키는 제도가 아니라는 사실을 공공연히 떠들고 다닐 만큼 과감하지는 않았다⋯⋯."

두 사람의 결혼 생활에 다른 면이 있었을 거라는 암시는 마치 책의 출간일에 프로이트의 아침 식사 때 벽에 앉은 파리처럼 따라붙었다. 우리는 프로이트의 성숙한 감정생활이 성욕과 낭만적인 사랑에 비전통적인 방식이라는 마법을 결합하면서 시작되었다는 사실을 알고 있다.

프로이트는 1912년에 다음과 같이 언급했다.

> 비위를 거스를뿐더러 터무니없는 소리라고 생각하겠지만, 연애 문제에서 진정 자유롭고 행복해지려고 하는 사람은 여성을 존중하려는 마음을 떨쳐내고 엄마 또는 누이와도 근친상간할 수 있다는 생각을 받아들인 사람일 것이다.

프로이트는 마르타를 만나기 전에도 성적으로 적극적이었지만 그의 내면에 열정을 불러일으킨 사람은 없었다. 그런데 결혼하고 아이가 생기자 마르타는 프로이트와의 관계에서 섹스에 흥미를 잃은 것 같았다.

프로이트의 결혼 생활이 활력과 정력을 잃었다는 사실은 칭찬을 가장한 비난이라고 할 만한 언급으로 짐작할 수 있다. 1912년에 프로이트는 마르타에 대해서 이렇게 말했다. "무엇보다 마르타의 훌륭한 자질, 즉 아이들을 잘 건사하고, 비정상도 아니며 자주 아프지도 않아서 고마울 따름이다."

삼각관계?

프로이트의 결혼 문제는 좀 더 복잡했다. 성적 매력이 넘쳐나는, 마르타의 동생 미나의 존재 때문이었다. 그녀는 1895년부터 1941년까지 프로이트의 집에서 기거했고, 어떤 면에서는 마르타보다 더 프로이트와 가까웠다. 미나는 형부가 하고 있는 일에 언니보다 더 관심이 많았다. 언니 마르타는 프로이트에게 일과 가정생활을 확실히 구분해야 한다고 주장했고(정신 분석은 아이들 방문 앞에서 멈췄다) 한번은 손님과 이야기를 나누며 정신 분석을 포르노에 비유하기도 했다. 마르타가 집을 지키는 동안, 미나는 프로이트의 여행에 줄곧 동행했으며, 상당히 오랫동안 집을 비울 때도 있었다. 융은 프로이트와 미나의 관계가 보통의 형부와 처제를 넘어서는 관계라고 확신하는 사람 중의 하나였다. 1900년 무렵에는 프로이트가 미나를 임신시키고 중절 수술을 시켰다는 소문이 돌기도 했다.

한편, 프로이트는 동성애를 동시대 사람들보다 훨씬 폭넓게 수용했는데, 1935년에 다음과 같이 말했다.

"동성애를 범죄나 잔학한 행위로 핍박하는 것은 상당히 옳지 않은 일이다."
그는 동성애가 질병 또는 도덕적 결함 때문에 발생한다는 생각과도 거리를 두었다.

프로이트가 여자를 바라보는 감정, 여자에 대한 공감 능력은 동성애 욕구와 관련된 그 자신의 성욕과 오랫동안 싸워 가면서 영향을 받았을 것이다. 동성애를 대하는 프로이트의 태도는 그가 죽은 후 수십 년 동안 논쟁의 불씨가 되었다. 아들이 게이일지도 모른다고 걱정하는 어머니에게 프로이트는 이런 내용의 편지를 썼다.

> 동성애는 좋은 것도 아니지만, 그렇다고 부끄러워할 일도, 비행도 아니고 타락도 아닙니다. 질병으로 취급되어서도 안 되죠. 성적으로 발달하는 과정에서 나타나는 일종의 성 기능 중의 하나라고 봐야 합니다. 고대와 현대를 통틀어 훌륭한 인물 상당수가 동성애자였어요. 그중에는 플라톤, 미켈란젤로, 레오나르도 다빈치 같은 특출한 사람도 있었죠.

어떤 면에서는 상당히 진보적인 태도였다. 프로이트는 동성애를 '품위 있는 성도덕이자, 현대의 신경 질환'이라고 보는 대체적인 견해보다 훨씬 더 평범하다고 1908년부터 생각하기 시작했다. 동성애자로 타고난 사람, 어린 시절에 동성애자가 된 사람, 어른이 되고 나서 동성애자가 되었을 거라고 추정되는 대다수의 사람, 또 성욕의 주요 흐름이 막힌 사람은 동성애라는 다른 쪽 흐름이 확대되었기 때문에 그런 것이라고 보았다.

그러나 프로이트가 비판받는 게 바로 이 지점이다. 여러 메시지가 혼재되었기 때문이다. 프로이트는 인간이 양성애자, 즉 남성과 여성 양쪽의 성적 감수성을 지닌 채 태어난다고 생각했다. 대체로 그의 저서에서는 성인의 동성애가 성적으로 발달해 가는 과정에서 해소되지 않은 측면이 나타난 결과라는 점을 부각시킨다. 다시 말해, 그는 동성애를 비정상이자 정도를 벗어난 것으로 보았다. 어머니에게 보낸 편지를 계속 살펴보자.

몇몇 특정 사례를 보면 이성애 성향을 저해하는 병균이 계속 발생합니다. 모든 동성애자에게 나타나는 현상이에요. 이제 대개는 이성애가 불가능해집니다. 개인별 특성과 나이가 관건이죠. 치료 결과가 어떨지 예단할 수는 없습니다.

본질이 흐려진 것은 프로이트 자신의 동성애 감정 때문이었다. 프로이트가 플리스와 융에게 성적 욕망을 품었다는 점이 유력한 증거로 제시되기도 한다. 융은 프로이트와의 관계에서 '거부할 수 없는 에로틱한 감정'을 인정했고, 프로이트는 플리스에게 보낸 편지에 다음과 같이 쓰기도 했다.

자네는 남자끼리 나누는 우정을 경멸했지만 내 생각은 다르다네. 자네도 알다시피, 나는 여태껏 살아오면서 동료나 친구 자리에 여자를 대신 들여앉힌 적은 없었지.

그러나 1910년까지 페렌치Ferenczi에게 보낸 편지를 보면, 프로이트는 자신이 '치료되었다고' 여겼다.

"내 동성애 기질을 떨쳐내니 무척 홀가분하고 무엇이든 다 할 수 있을 것 같다."

여성, 여성성, 동성애를 다룬 프로이트의 이론은 남성, 이성애를 다룬 연구에 비해 완성도와 일관성이 훨씬 떨어진다. 아마 사람들이 하는 말이 맞을 것이다. 프로이트가 인간의 정신을 이해하려고 열정적으로 새로운 체계를 세워나갈 때, 그는 전체의 50퍼센트에 못 미치는 사람들에 대해서는 허심탄회하게 얘기했다고 한다.

페미니스트 작가이자 활동가인 케이트 밀레트Kate Millet 같은 사람은 이런 점이 프로이트를 골치 아프게 했을 거라고 생각한다.

예를 들어, 밀레트는 '남성들이 양성 불평등을 합리화하고 전통적인 역할을 강화하는 성 정치학의 측면에서 볼 때 프로이트를 가장 강력한 반혁명적인 인물'이라고 말했다.

다른 사람들, 예컨대 학술 및 사회 비평가 카밀 팔리아Camille Paglia 같은 사람은 좀 더 호의적이었다. 그녀는 1991년에 이렇게 언급했다.

"프로이트와 여성을 배제하고 성 이론을 구축하려고 해 봐야 진흙 파이밖에 더 만들겠는가!"

"나는 환자들이 평소에 하는 말과 그것의 암시적 의미, 즉 기를 쓰고 감추려 하지만 온갖 방법으로 무심결에 드러나고 야 마는 생각의 내용을 상당히 자주 접하는데, 이를 규명해 내려는 작업을 하고 있다.
말실수는 무척 의미심장한 내용을 보여 준다."

I am very often faced with the task of discovering, from the patient's apparently casual utterances and associations, a thought-content which is at pains to remain concealed but which cannot nevertheless avoid unintentionally betraying its existence in a whole variety of ways. Slips of the tongue often perform a most valuable service here ...

지그문트 프로이트,
《일상생활의 정신병리학The Psychopathology of Everyday Life》, 1901

말조심해

앞서 인용한 책에서, 프로이트는 착행증(錯行證)parapraxis이라는 개념을 소개했다.

착행증은 말할 때 또는 기억이나 행동에서 눈에 띄게 드러나는 실수는 실수라기보다 무의식 작용이 반영된 것이다. 사람들은 그 개념을 열정적으로 받아들였다. 바로 '말실수(프로이트식 말실수라고도 한다)'라는 개념이다.

프로이트는 오스트리아 하원 의장이 앞으로 열띤 공방을 벌이게 될 의회 회기를 개의하면서 "이제 폐회를 선언합니다"라고 실수했던 경우를 예로 들어 설명했다.

프로이트는 의장이 (개회가 아니라) '폐회'라고 한 것은 우연히 잘못된 단어를 더듬은 게 아니라 의장의 무의식에 내재한 소망, 즉 회기가 끝났으면 좋겠다는 의중을 내비친 것이라고 주장했다.

다시 말해, 착행증은 '우연한 사건이 아니라 진지한 정신 작용이며, 서로 다른 의미와 의도를 지닌 상반된 행동이 수반된다'는 것이다.

착행증이 꼭 말실수만 있는 것은 아니다.

글을 잘못 읽거나, 잘못 알아듣거나, 잘못 쓰거나(오타를 치거나), 물건을 깜빡하거나 다른 곳에 두는 행위 등으로 나타나기도 한다.

프로이트는 착행증이 세 가지 형태로 다르게 나타날 수 있다는 점에 주목했다.

– '거추장스러운' 경쟁자의 존재를 알고는 있지만 말실수를 하기 전까지 깨닫지 못하는 경우
– 말실수를 하기 전이라도 '거추장스러운' 경쟁자의 존재를 알고 있는 경우
– 말실수와 상관없이 '거추장스러운' 경쟁자의 존재 자체를 인정하지 않는 경우

각각의 경우, "말하는 사람의 의중을 억압하는 것이 말실수 발생의 불가피한 조건이다."

프로이트가 실제로 사용한 단어는 독일어 펠라이슈퉁Fehlleistungen이었는데, 이는 잘못된 행동이라는 뜻이다.

그리스어 파라프랙시스Parapraxes는 프로이트의 저서를 영어로 번역한 사람들이 선택한 단어였다.

프로이트는 압지blotting paper 사는 것을 자꾸 잊었던 사례를 자주 언급했다.

압지는 독일어로 플리스페이퍼Fliesspapier다.

일시적인 기억 상실이 일어난 시기에 프로이트와 빌헬름 플리스 사이의 굳건한 우정이 삐걱대고 있었다. 프로이트는 옛일을 회고하며, 그런 건망증이 플리스테이퍼(압지)를 포함해 플리스와 관련된 모든 것을 잊으려 하는 자신의 소망이 반영된 것이라고 해석했다.

프로이트가 분석했던 '잘못된 행동'의 가장 대표적인 사례는 이른바 시뇨렐리 착행증일 것이다.

프로이트는 이탈리아의 오르비에토Orvieto를 여행하다가 루카 시뇨렐리Luca Signorelli가 그린 「최후의 만찬」 프레스코화를 보고 감탄한 적이 있었다.

그런데 나중에 그 화가의 이름을 떠올리려 했으나 기억이 나지 않았다. 대신 보티첼리Botticelli나 볼트라피오Boltraffio 같은 다른 화가 이름만 머릿속에 맴돌았다.

프로이트는 이 세 명의 이름이 어떤 연관성을 지니는지 상세히 설명했다. 프로이트는 예전에 짧게 기차 여행을 했던 보스니아에 관해 얘기를 나누다가 시뇨렐리 대신 보티첼리의 'Bo'가 떠올랐다. 급기야 그는 시뇨렐리를 영어의 Sir에 해당하는 스페인어 Signor, 또 같은 뜻의 독일어 Herr와 연결 지었다.

Herr는 헤르체고비나에서 연상된 단어였다. 기차 여행 중 주된 대화 주제는 보스니아-헤르체고비나에 거주하는 터키인들의 습성에 관한 내용이었다. 이때 프로이트는 터키인들이 성적인 장애를 그냥 방치해 쉽게 좌절하는 경향이 있다는 이야기의 근거에 관심을 가지게 되었다.

한편, 볼트라피오는 언어적으로 유사한, 이탈리아의 도시 트라포이_{Trafoi}에서 떠올렸는데, 그곳은 성적인 문제를 겪는 환자가 최근에 자살했다는 소식을 프로이트가 접한 곳이었다.

프로이트는 시뇨렐리의 이름이 생각나지 않은 것은 고통스러운 기억을 애써서 억누르려 했기 때문이라고 결론 내렸다.

그가 기억 속에서 끄집어낸 다른 화가의 이름은 잊으려고 하는 자기 마음의 실체가 드러난 것이다. 보티첼리와 볼트라피오는 잠재의식에 도사린 섹스와 죽음이라는 주제, 더 나아가 자기 환자의 슬픈 운명까지 연상되었기 때문이다.

시뇨렐리 착행증은 몇 년에 걸쳐 수많은 추가 해석을 낳았고, 프로이트의 견해는 엄청난 비판을 받았다.

언어적인 면으로 봐도 의미의 유효성이 떨어질뿐더러 프레스코화 자체의 내용을 기억나지 않는 행위와 결부시켜 생각하려는 시도 역시 실패했다는 이유에서였다.

그럼에도 이 착행증 사례는 프로이트의 연구 중에서 가장 먼저 이루어졌고, 가장 유명한 것으로 꼽힌다.

동시에 프로이트가 "나는 임상 사례가 될 만하다고 생각하지만, 발생하는 모든 착행중에 의미가 깃들어 있다고 주장하지는 않는다"고 언급했던 것 처럼 마지못해 과소평가했던 현상이기도 하다.

의사는 여성 환자의 침상을 떠나 고개를 절레절레 저으면서
동행한 남편에게 말을 건넸다.

"부인의 표정이 마음에 안 들어요."

남편은 서둘러 맞장구를 쳤다. "나는 오랫동안 아내의 표정이
마음에 들지 않았답니다."

A physician, leaving a woman's sickbed, shakes his head
and says to her husband accompanying him: "I don't like
the look of your wife." "I haven't liked the look of her for
a long time," the husband hastens to agree.

지그문트 프로이트, 《농담과 무의식의 관계》, 1905

농담이 그냥 농담이 아닐 때는 언제인가?

농담을 설명해야 한다면, 썩 재미있는 일은 아닐 거라는 말이 있다.

마찬가지로 지나치게 따지고 들려는 사람의 면전에서는 어떤 우스갯소리라도 웃음의 묘미를 잃기 십상이다.

하지만 프로이트는 그런 문제를 신경 쓰지 않았다.

유머가 농담에서 비롯된다는 관점으로 바라봐서 그런지, 그는 농담을 분석하는 일을 아주 좋아했다. 이렇게 표현한 적도 있다.

"농담에 깊이 공감하여 웃는 것이 꼭 집어서 그 농담의 기법을 알아내려는 최적의 마음 상태와 부합되는 것은 아니다."

농담과 거기에 담긴 내용을 상세하게 재구축하면서, 프로이트는 농담이 무의식적인 생각에 예리한 통찰력을 부여한다는 소신을 입증하려고 했다.

《농담과 무의식의 관계》라는 책에서 프로이트는 꿈과 농담을 다음과 같이 구분했다.

"꿈이 주로 불쾌감에 작용한다면 농담은 유쾌함을 만들어 낸다. 인간의 모든 신체 활동은 이 두 가지 목표 안에서 하나로 작용한다."

프로이트는 우스갯소리가 농담하는 사람뿐만 아니라 그 농담을 듣는 사람, 심지어 사회 일반의 숨겨진 생각을 투영하는 창문 같은 기능을 한다고 강조했다. 프로이트는 농담의 언어 기법을 즐겨 구사하고 말장난을 좋아하는 사람으로 악평이 자자했다.

하지만 그는 대체로 농담이 감추려고 하는 것과 무심코 드러내는 것이 무엇인지 규명해내는 데 치중했다. 프로이트식 말실수, 즉 은연중에 속마음이 드러나는 실수에서 볼 수 있듯이 농담에 진실이 담겨 있다고 제안했던 것이다.

프로이트의 분석 작업은 1898년에 《웃음과 유머Komik und Humor》라는 책을 쓴 테어도어 립스Theodor Lipps의 영향을 많이 받았다. 그 책에서 립스는 농담의 작동 방식을 이해하려면 분석을 할 때 '의식의 내용'이 아니라 '선천적으로 내재된 무의식의 정신 작용'을 집중적으로 들여다봐야 한다고 주장했다.

프로이트가 보기에 농담을 하는 것은 인간의 원초적인 공격성을 해소하는 수단이다.

그 특성상 농담은 전형적인 억압repression과 억제suppression 기제를 전복시킨다. 농담은 미지의 상태로 남겨진 인간의 생각과 감정의 틀을 마련해 준다. 그런 점에서 농담을 하는 사람 못지않게 그 농담을 듣는 사람 역시 전복 상태에 놓인다. 사실상 웃는 행위 자체는 억제를 거부하려는 신체적 징후라고 볼 수 있다.

역시 프로이트답게, 그는 우스갯소리를 하는 사람과 그것을 듣는 사람의 성적 무의식과 관련된 농담의 내용에 주로 관심이 많았다. 최소한 말로나마 성적 금기 사항을 깨뜨린다는 생각을 공유했기 때문이다. 그는 또한 농담이 대체로 다른 문화적 억제 조치를 무력화시킨다는 점을 발견했다.

결국 농담이란 적, 약자 또는 아웃사이더를 공격하고 권위를 조롱하는 여러 방편이 될 수 있다.

《농담과 무의식의 관계》에서 프로이트는 이렇게 언급했다.

"농담 그 자체로 끝이 아닌 농담은 단일한 관점으로 통합될 수 있는 두 가지 경향으로만 작용한다.

즉 공격, 풍자, 방어에 쓰이는 적대적 농담이거나 누군가를 적나라하게 까발리는 데 쓰이는 외설적인 농담이다. 심지어 '악의 없는 농담'도 '자신이 얼마나 똑똑한지 과시하려는 모호한 욕구 또는 성적 노출증과 동급으로 취급되는 충동'과 같은 더 심원한 동기를 지니고 있다."

프로이트가 농담에 관해 쓴 글은 재미가 없을뿐더러 단호하고 진지한 어조로 유명하지만, 오늘날에도 중요하게 짚어 봐야 할 점이 많다.

예를 들어, 반유대주의가 점증하는 시대에 사는 유대인으로서, 그는 "외부인이 유대인을 대상으로 만든 농담은 대부분 잔인하고 웃기는 이야기이며, 적절한 농담을 하려는 노력은 외부인이 유대인을 우스꽝스러운 사람으로 여긴다는 바로 그 사실 때문에 성립된다."라고 썼다.

한 세기 이상이 훌쩍 지났지만 여전히 잠재적인 인종 차별과 외국인 혐오라는 고정관념에 뿌리를 두고 우스갯소리의 소재를 발굴하는 코미디언이 많다.

한편, 《농담과 무의식의 관계》를 다르게 분석해 보면, 프로이트가 잠재의식의 성적 기원(무심결에 자기 결혼 생활의 처지를 암시할 뿐만 아니라)에 관한 증거를 얻기 위해 어떻게 우스갯소리를 하고 소재를 발굴하는지 그 통찰력을 엿볼 수 있다. 원래의 개그는 이렇게 되어 있다. "아내는 우산과 같다. …… 조만간 누군가 택시를 탄다." (20세기 초 빈에서는 택시가 창녀의 속어였다.) 프로이트의 설명은 이렇다.

> 직유법은 다음과 같이 작동한다.
> 사람은 관능의 유혹으로부터 스스로를 보호하기 위해 결혼하지만, 결혼은 평소보다 다소 더 강한 욕구를 충족시키지 않는 것으로 나타난다.
> 같은 방식으로 유추해 보면, 사람은 비를 피하려고 우산을 가져가지만 그래도 결국 비에 젖고 만다.
> 두 경우 모두 더 확실하게 보호하려면 주위를 둘러봐야 한다.
> 후자의 경우에 공공 차량을 타야 하고, 전자의 경우 돈을 대가로 접근하기 쉬운 여성을 찾아야 한다…….
> 어떤 사람이 유달리 진실을 추구하는 것이 아니라면, 결혼은 남자의 성

을 만족시키려고 마련된 제도가 아니라는 점을 소리 내어 공개적으로 선언하려고 하지 않는다. …… 이런 농담의 장점은 그럼에도 불구하고 온갖 간접적인 방식으로 그 점을 선언했다는 사실에 있다.

그렇게 해서 우리는 "농담이 그냥 농담이 아닐 때는 언제인가?"라는 질문의 답을 얻는 것이다. 오늘날 농담에 관한 프로이트의 연구는 꿈의 해석이나 유아의 성 발달을 다룬 연구보다는 비교적 덜 알려져 있지만, 정신분석을 '보편적인 관심 영역'으로 확장하려는 목표를 달성하는 데 기여했다는 의미가 있다.

"대개 문명은 본능을 억제함으로써 성립된다."

Generally speaking, our civilization is built up on the
suppression of the instincts.

지그문트 프로이트,
《품위 있는 성도덕과 현대의 신경질환 Civilized Sexual Morality and Modern Nervous
Illness》, 1908

자아를 거스르는 사회

프로이트는 개인의 마음을 다루는 아이디어를 사회 전반으로 확장해 나가는 문제에 늘 관심이 있었다. 자신의 연구 경력 후반부에 상당한 시간을 투여한 분야였다. 그가 주장하는 내용 대부분은 분열을 초래했고, 비평가들의 격렬한 공격을 불러일으켰다. 심지어 그를 열렬히 추종하는 사람들마저 그가 내린 결론에 거리를 둘 수밖에 없었다. 1939년에 프로이트는 《모세와 일신교Moses and Monotheism》라는 책을 썼는데, 성서 속 인물 모세의 삶에 심각하게 의문을 제기하는 내용이었다.

프로이트의 이런 분석을 혁신적이고 통찰력이 있는 것으로 간주하는 사람들이 있는가 하면, 어떤 이들은 역사에 길이 남을 헛소리라고 치부하기도 했다. 프로이트의 일반적인 방법론에 관해서는 철학자 미켈 보쉬-야콥슨Mikkel Borch-Jacobsen과 심리학자 소누 샴다사니Sonu Shamdasani의 논평이 도움이 된다. 두 사람은 프로이트가 "환자들의 잊어버리고 억압된 기억들을 자기 사무실에서 은밀히 '재구성할' 때 사용했던 해석 방법으로" 사회를 조사했다고 주장했다. 프로이트의 사회 '심리 분석'이 정점을 찍은 것은 1930년대에 쓴 《문명 속의 불만》이었을 것이다. 이 책의 근간을 이루는 주장은 모든 사회가 개인의 욕망과 사회적 요구 사이에 놓인 긴장 때문에 시달리고 있다는 것이다. 다른 식으로 표현하면, 본성과 예의 사이에는 근본적으로 상충하는 점이 있다.

프로이트는 다음과 같이 표현했다.

"개인의 힘이 공동체의 힘으로 대체되는 것은 문명사회로 나아가는 결정적인 단계다."

하지만 만약 사회가 개인의 욕망을 거스르는 방향으로 작동한다면, 사회는 어떻게 존재했을까? 1905년에 프로이트가 언급했듯이, 결국 인간이란 '끊임없이 쾌락을 추구하는 존재'지만, 사회는 쾌락을 달성하는 데 의무와 책임을 부과함으로써 주기적으로 인간을 진정시키는 기능을 수행한다.

프로이트가 보기에, 그 이유는 안전 욕구 때문이다. 인간의 리비도적 충동과 그에 수반되는, 욕구 충족을 방해하는 것들을 향한 무차별적 공격 성향을 그냥 방치해 버리면 결국 위험해질 수밖에 없다. 우리는 말 그대로 만족감을 얻으려고 서로를 죽일 수도 있다. 그래서 사회는 살인, 강간, 간통 등을 막기 위해 힘을 합쳤다.

프로이트는 이렇게 언급했다.

"따라서 문명은 점령한 도시에 주둔하는 군대와 같다. 그렇게 욕망을 감시하기 위해 개인의 내면에 문명이라는 정부 기관을 설치함으로써, 개인의 위험한 공격 욕망을 통제하는 것이다."

게다가 사람이 살아가는 데 반드시 필요한 일은 대부분 서로 협력하는 집단 안에서 더 효율적으로 수행된다. 그러므로 "문명인은 행복을 누릴 기회의 일부를 어느 정도의 안전과 맞바꾸었다."

하지만 프로이트에 따르면, 이런 사회 계약은 사회의 요구에 따라 타고난 욕망을 제어하는 개개인의 고삐로 기능하면서 새로운 적개심의 근원을 낳는다. 여성은 자녀들의 이익을 위해 자신의 즐거움을 희생하는 반면, 남성은 성적 에너지의 일부를 광범위한 사회적 요구에 부응하는 일에 쏟아붓는다. 게다가 여성들은 가정 밖의 일을 배제시키는 사회에 분노를 품고 있다. 사회 덕분에 주민들이 더욱 평화롭게 공존하려고 하면서, 다수의 요구 사항이 개인의 요구 사항에 비해 특권을 누리게 되고, 이에 대한 불만이 점점 커지고 있다.

프로이트는 그 후 자신과 사회 전반의 고통 사이에 벽을 세우려는 사람들을 위한 대응 전략으로 종교가 이용되는 방식을 연구했다. 그는 종교가 원초적 본능을 자극하고 공유된 신념 체계를 장려함으로써 사회를 일구어가는 동시에, 사회뿐만 아니라 신에게까지 자신을 예속시켜야 하는 개인을 대상으로 심리적 전쟁을 불러일으킨다고 주장했다. 그는 또한 쾌락을 추구하는 성욕과 대비되는 선천적인 본능의 범위를 고려했고, 죽음에 대한 본능을 서술하기 시작했다. 프로이트는 인간 자체가 궁극적으로 파괴적인 힘이고, 사회는 이런 타고난 공격성을 억제하기 위해 매진한다고 생각했다.

우리 자신을 생각해 보자.

공격성은 초자아로 나타나, 우리는 잘못을 저지른 것을 후회하고 나쁜 짓을 생각만 했을 뿐인데도 죄책감에 시달리게 된다. 죄책감과 그에 따른 불만이 훌륭한 시민으로서 갖추어야 할 전제 조건으로 자리 잡는다.

프로이트는 또한 문화적인 초자아, 즉 개인에게 더 많은 규제를 부과하여 더 많은 불만을 조장하는, 그럼으로써 사회 전체를 지배하는 양심이라는 개념을 사실로 받아들였다. 그것은 대체로 상당히 암울한 사회의 모습이다. 다시 말해, 사람들이 정말 원하는 것을 희생하면서 따라야 하는 제도다. 실제로, 프로이트는 사회를 인간이 겪는 고통의 세 가지 주요 원인 중하나로 보았다.

> 우리는 세 가지 고통으로 위협을 받고 있다. 그것은 썩어 문드러질 운명인 데다 고통과 불안이 없이는 경고 신호의 기능조차 못 하는 우리 몸, 인간에게 압도적이고 무자비한 힘으로 분노를 표출하는 외부 세계, 다른 사람들과 맺는 관계, 이렇게 세 가지다. 그중 사람들과의 관계에서 비롯되는 고통은 아마 다른 것보다 더 고통스러울 것이다.

프로이트는 사회적으로 부과한 규범을 쉽게 수용하는 경향으로 보건대, 사람들이 상황을 크게 개선할 만한 재능이 있을 거라는 희망을 견지하지 않았다. 사람들이 흔히 잘못된 측정 기준을 사용한다는 인상을 벗어나기란 불가능하다.

사람들은 자기 자신을 위해 권력, 성공, 부를 좇고 타인이 가진 그런 것들을 동경하면서, 삶의 진정한 가치를 깎아내린다.

"여러 나라의 생활 조건이 많이 차이 나고, 그들 사이의 갈등이 그렇게 격렬하게 일어나는 한, 전쟁은 불가피할 것이다."

As long as the conditions of life of the various nations are so different and the conflicts between them so violent, wars will be inevitable.

지그문트 프로이트,
《전쟁과 죽음에 관한 고찰Reflection on War and Death》, 1915

전쟁에 관한 프로이트의 견해

프로이트의 사회 분석은 수년에 걸친 사색의 결과였고, 당대의 사회 경제적 현실에 대한 판에 박힌 반응을 훨씬 뛰어넘었다.

프로이트가 사회정신을 주제로 본인의 가장 중요한 저술 작업을 하면서 자신을 발견했던 (개인적으로나 다른 면으로나) 독특하게 혼합된 상황에도 주목할 가치가 있다.

1920년대에 접어들면서 그는 노쇠해졌다. 끔찍한 질병을 앓았으며, 딸과 손자를 연달아 잃는 비극까지 겪으며 무기력하게 지냈다.

그러나 가장 큰 문제는, 그가 제1차 세계 대전이라는 끔찍한 사건과 그 뒤를 이은 경제 및 사회 혼란으로 심각한 충격을 받았다는 점이다.

전후의 경제 붕괴로 인한 개인적인 손해 또한 막심했다.

엎친 데 덮친 격으로, 1920년대 말에 유럽에서 반유대주의 감정이 급증하면서 극단주의 정치가 눈에 띄게 대두하고 있었다.

그는 마르크스주의가 파시즘의 출현을 해결할 준비가 되어 있다고 생각하지 않았고, 자기비판이 부족한 상태에서 추종자들에게 더 나은 생활을 약속하는 것도 믿지 않았다. 프로이트가 보기에 마르크스주의는 종교가 가진 여러 문제를 그대로 답습하고 있었다.

《문명 속의 불만》에서 그가 언급한 공산주의에 대한 통렬한 비판을 참조해 보자.

> 공산주의자는 자기들이 인류를 악으로부터 구원할 방법을 찾았다고 생 각한다. 그들의 주장에 의하면 인간은 분명히 선하고 이웃에게 호의적 이지만, 그 본성은 사유 재산 제도 때문에 타락했다.
> 사유 재산권은 개인에게 그의 이웃을 혹사시킬 수 있는 권력과 유혹을 부여한다. 소유에서 배제되는 사람은 압제자에게 적대적이며, 그 압제 자에 대항할 수밖에 없다.
> 사유 재산 제도가 폐지되고, 모두가 상품을 나누어 가지고 향유할 때, 인간들 사이의 악의와 적대감은 사라질 것이다. 모든 욕구가 충족될 것 이기 때문에, 아무도 다른 사람을 적으로 간주하지 않을 것이며 그럴 이 유도 없다. 누구든 필요한 모든 일을 기꺼이 떠맡을 것이다.
> 나는 공산주의 체제를 경제적으로 비판하는 데 관심이 없다. 나는 사유 재산 제도를 폐지하는 게 편리하고 유익한지 알 방법이 없다. 그러나 나 는 그 이면의 심리적 추정이 근거 없는 환상이라는 것을 알 수 있다.

제1차 세계 대전 발발 초기에 프로이트는 오스트리아-독일 동맹을 지지했 다. 하지만 전체적으로 돌아가는 상황이 어리석다는 것을 깨닫는 데 그리

오랜 시간이 걸리지는 않았다.

동부 전선과 서부 전선에 시신이 산더미처럼 쌓일 때, 그는 전쟁을 인간의 선천적인 공격성(개인으로서나 더 넓은 사회 집단 내에서나)이 끔찍하게 표출된 것으로 보게 되었다. 그것은 그가 '문명을 가로막는 가장 큰 장애'라고 묘사한 특징이기도 했다.

개인이 사회적 기대에 부응하여 자신의 공격성을 억제하는 바로 그 순간에, 프로이트는 사람들이 자신의 집단적 공격성을 경쟁 집단을 향해 보내는 역사적 습관에 주목했다.

그는 이렇게 언급했다.

"감상적인 사람이 될 필요는 없다. 사람은 인간 생명의 경제성 면에서 생물학적, 생리적 고통의 필요성을 깨닫게 될 것이다. 하지만 전쟁의 방법과 목적을 비난할 수도 있고, 전쟁이 끝나기를 애타게 바랄 수도 있다."

1918년에 프로이트는 다음과 같이 편지를 썼다.

"나는 선과 악의 문제를 가지고 별로 골머리를 썩이지 않는다. 그러나 나는 전반적으로 인간의 '좋은' 점은 거의 발견하지 못했다."

그 자신이 한때 '원초적이고 야만적이며 사악한 충동'이라고 묘사했던 것으로 보건대, 인류가 끊임없이 도덕적이고 평화로운 방식으로 행동하는 경향이 있다고 믿지 않았던 것이다.

프로이트와 알베르트 아인슈타인이 주고받아서, 1933년에 《왜 전쟁에 반대하는가?Why War?》라는 제목으로 출간되기도 한 서신은 인생의 말년에 접어든 프로이트가 전쟁을 바라보는 견해를 가늠하는 데 유용하다.

> 오늘날 우리는 법과 폭력을 상반되는 것으로 봅니다. 하나가 다른 것에서 발전했다는 것은 손쉽게 입증할 수 있습니다.
> 만약 우리가 처음으로 돌아가 이것이 애초에 어떻게 발생했는지 확인한다면, 문제의 해결책은 별 어려움 없이 우리에게 나타납니다.
> ……인간 사이의 이해 충돌은 대체로 폭력을 사용해 해결됩니다. 이것이 바로 동물의 왕국 전역에서 벌어지는 일이죠. 인간 역시 그 왕국에서 배제되어서는 안 됩니다.

프로이트는 이론적인 희망 없이 그래야 한다고 말하지는 않았다.
예를 들어, 그는 공통의 관심사를 지닌 좀 더 큰 공동체가 항구적인 평화의 가능성을 제공한다고 제안했다.
실무적인 측면에서 그는 국제적인 이해 충돌을 해결하기 위해 합의에 따라 중앙 조직, 즉 평화 유지군 역할을 할 수 있고, 현존하는 국제 연맹보다 강제력을 더 많이 보유한 단체를 설립하자고 권고했다. 그럼에도, 그는 그런 일이 실제로 일어날 만한 현실적인 가능성을 거의 보지 못했다.

> 오늘날 모든 나라가 가장 중요하게 여기는 민족주의 사상이 분명히 반대 방향으로 작용하고 있습니다. 일부 사람들은 볼셰비키 같은 과격한 방식이 전쟁을 끝낼 수도 있다고 주장하지만, 돌아가는 상황으로 볼 때,

그 목표는 아주 요원합니다. 아마 피비린내 나는 내전을 거친 다음에야 이루어지겠죠. 따라서 지금 상황에서는 난폭한 힘을 이상적 권능으로 대체하려는 어떤 노력도 실패로 귀결될 수밖에 없는 것처럼 보일 겁니다.

하지만 프로이트는 문화가 발전한다고 해서 과연 장기적인 평화의 기회가 보장될지 의심스럽다면서 다음과 같이 말했다.

"심리적인 측면에서, 문화의 중요한 현상에는 두 가지가 있다.

첫째, 본능적인 삶을 제어하려는 지성을 강화하는 것이고, 둘째, 그 결과 편익과 위험성이 수반되는 공격 충동을 내면화시키는 것이다."

성공 가능성이 거의 없다고 본 그의 회의주의가 다시 명확히 드러난다.

얼마나 기다려야 나머지 사람들이 평화주의자가 될까요?

힘든 일이겠지만 인류의 문화적 성향과 미래의 전쟁 전개 방식에 대한 공포, 이 두 가지 요소가 가까운 미래에 전쟁을 종식시키는 데 도움이 된다는 것이 터무니없는 일은 아닙니다.

하지만 무엇을 어떻게 해야 그렇게 되는지 짐작할 수 없습니다.

일단, 문화를 발전시키는 것이라면 뭐가 되었든 전쟁 방지에도 효과가 있다고 믿어 볼 수 있겠죠.

결국 전쟁, 특히 무자비한 효율성이 총동원되는 현대 전쟁에 프로이트는 몸서리쳤지만, 그는 전쟁을 역사의 뒤안길로 보내려는 의지나 심지어 그럴 가능성을 사회의 구조나 정신 속에서 거의 보지 못했다.

전쟁에 내재된 무자비한 고통에 자신을 노출시키려는 인류의 의지, 그 비합리성에 프로이트는 경악을 금치 못했다.

> 모든 사람은 자신의 삶을 좌우할 권리가 있는데, 전쟁은 장래가 촉망되는 삶을 파괴하고 맙니다.
>
> 전쟁은 한 개인이 자신의 인간성을 수치스럽게 하고, 자기 의지에 반하여 동료들을 죽이는 상황으로 몰아갑니다.
>
> 전쟁은 물질이 제공하는 즐거움, 즉 힘들게 일해 얻은 노력의 결실과 그 밖의 것들을 파괴합니다.
>
> 게다가, 지금도 그렇듯이, 전쟁은 오래된 이상에 부합하는 영웅적 행위를 할 여지가 없으며, 현대 무기의 높은 완성도를 고려하면, 오늘날의 전쟁은 양쪽 모두 혹은 어느 한쪽의 몰살을 의미할 겁니다.
>
> 이것은 너무나 명백한 사실이죠. 도대체 전쟁 행위가 만장일치로 금지되지 않는 이유가 무엇인지 궁금할 따름입니다.

그러나 프로이트조차도 제1차 세계 대전이 끝난 지 겨우 20년 만에 세계가 겪게 될 새로운 차원의 만행을 예견하지는 못했다.

아인슈타인과 서신을 주고받은 바로 1년 후에, 프로이트의 저서들은 나치 집회에서 "본능적인 삶에 대한 미화, 그런 영혼을 파괴하는 짓을 그만두고, 인간 정신의 고귀함을 지지하자!"는 외침과 함께 불태워졌다.

프로이트는 문명화가 어느 정도 이루어졌다고 했는데, 히틀러는 유대인이 쓴 책들을 불사르는 것을 감독하고 있었던 것이다.

예전 같았으면 책이 아니라 저자들이 불태워졌을 거라고 그는 말했다.

홀로코스트는 그로부터 겨우 9년 후에 일어났다.

"남자라면 모름지기 남들 입에 오르내리는 존재가 되어야지."

A man must get himself talked about.

프로이트가 마르타 베르나이스에게 한 말, 1884

운동 조직 구축하기

프로이트는 어렸을 때부터 야심만만했지만, 좀 더 나이가 들고 나서야 목표 달성에 필요한 네트워크를 구축할 수 있었다. 가장 중요한 목표는 국제 무대에서 정신 분석학을 발전시키는 것이었다. 그것은 그가 그토록 갈망했던 재정적 안정과 개인의 명성을 가져다주는 방편이었다.

프로이트는 항상 주류 사회 밖에서 지냈지만, 자신의 야망을 이루려면 혼자서는 안 되고 다른 이들의 도움을 받아야 한다는 것을 알고 있었다.

그는 조카인 존(아버지 야콥 프로이트가 첫 번째 결혼에서 낳은 자녀의 아들이고 지그문트보다 몇 살 위였다)과 친밀한 우정을 쌓는 등, 어릴 때부터 도움이 될 만한 관계를 쌓는 데 능숙했다. 그 후 학교에서는 그를 유대인이라 해서 달리 대하지 않고 지적 토론을 즐기는 똑똑한 아이들과 어울렸다. 그는 초기에 가교 역할을 맡았다.

점점 급진적으로 변해 가는 그의 아이디어가 대중적인 기반을 마련하기 위해 노력할 때도 그랬다. 이를테면, 초기에는 요제프 브로이어와, 나중에는 누구보다 그의 연구에 많은 관심을 보인 빌헬름 플리스와 친하게 지냈다.

세기가 바뀔 무렵, 프로이트는 이름값이 올랐고, 더 큰 영향력을 행사하기 시작했다. 지위가 오르는 만큼 그 지위를 이용할 필요가 더욱 절실해졌다. 그 무렵 그는 결혼해서 여섯 명의 자녀를 둔 아버지였고, 이미 나이 든 부모도 부양해야 했다. 1898년에 그는 플리스에게 말했다.

"부는 행복을 가져다준다고 할 수 없다네. 돈은 어린 시절 나의 소원이 아니었어."

돈이 행복을 가져다주지는 않아도, 프로이트는 돈이 있음으로써 생기는 마음의 평화를 간절히 원했던 게 분명하다. 1930년에도 그는 여전히 자신의 경제적 안전망이 부족한 것을 안타까워하며 슈테판 츠바이크에게 이렇게 말한 적이 있다.

"그토록 많은 명분을 그렇게 열정적으로 뒷받침하는 아인슈타인의 젊음과 에너지가 얼마나 부러운지 모르겠네. 나는 늙고, 허약하고, 지쳤을 뿐만 아니라 무거운 재정적인 부담도 지고 있으니."

이렇게 집안 문제에 시달리던 20세기 초반에 프로이트는 정신 분석 운동을 펼쳐가며 교활한 전략가로 발전했다.

정신 분석학이 인류를 더 나은 방향으로 바꿀 잠재력이 있다고 믿으면서, 그는 주변에 운동 조직을 만들기로 결심했다. 그런 노력은 그가 빈 대학에서 조교수직을 얻은 직후인 1902년에 본격적으로 시작되었다.

《꿈의 해석》과《일상생활의 정신 병리학》이 출간된 후, 그는 매주 수요일 저녁 집에서 토론 모임을 열었다. 프로이트는 그 모임을 자신이 직접 고른 똑똑하고 젊은 사람들에게 자기 생각을 알릴 수 있는 토론의 장으로 여겼는데 이 모임은 나중에 수요 심리학회로 알려지게 된다.

모임은 매번 마르타가 참석자들에게 블랙커피와 시가를 대접하는 것으로 시작되었고, 그런 다음 프로이트가 입장했다. 그러고 나서 그는 자신의 최신 아이디어를 주제로 연설했다. 전하는 바에 따르면, 늘 자기 확신이 넘쳐나는 연설이었다고 한다. 프로이트가 연설하는 동안 듣는 사람들은 그 내용을 받아 적으며 논박할 거리를 준비했다.

이런 모임은 토론이 중요한 요소였지만, 프로이트가 리더로 부각되었다.

사실, 모임의 구성원들은 마치 메시아 주위에 모인 사도들과도 같았다.

초창기 멤버인 빌헬름 슈테켈Wilhelm Stekel은 이렇게 말했다.

"……우리는 새로 발견한 땅의 개척자 같았고 프로이트는 리더였다. 불꽃이 한 사람의 마음에서 다른 사람의 마음으로 건너뛰었다. 매일 저녁이 일종의 계시 같았다."

프로이트는 이제 자신의 작업을 홍보하기 위한 탄탄한 기반을 구축했지만, 그 영광에만 머물러 있을 생각은 없었다.

1908년 수요 심리학회는 빈 정신 분석학 학회로 개편되어 잘츠부르크에서 첫 국제회의를 정식으로 개최했다. 프로이트의 영향력이 빈 이외의 지역으로 확장되어 가면서, 베를린 정신 분석 학회도 설립되었다.

1909년경에는 일을 진행하는 데 탄력이 붙었다.

「정신 건강 및 정신 병리학 조사 연보Yearbook of Psychosomatic and Psychopathological Investigation」가 발간되면서 정신 분석학에 관한 최신 아이디어의 소식지 기능을 수행했다.

누구나 환영

프로이트는 자신을 지지하는 사람들조차 유대인에 대한 심각한 편견을 갖고 있다는 것을 알고 있었다.

그는 유럽 유대인들의 특징을 고려한 지식인의 정신 조사를 높이 평가했지만, 조직의 구성원을 비유대인으로 확대하지 않는다면 그 운동 자체가 중단될 것이라고 우려했다.

1904년경에 스위스의 정신과 의사 오이겐 블로일러Eugen Bleuler가 연락을 해 오고 그 후에 오이겐이 젊은 동료인 카를 융을 소개하자 프로이트는 기뻐했다. 그렇게 해서 20세기 심리 치료 분야의 위대한 두 인물 사이에 복잡한 상호 작용이 시작되었다.

프로이트는 융과 산도르 페렌치Sándor Ferenczi와 함께 미국 여행을 했다.

프로이트는 미국을 썩 좋아하지는 않았지만 여행은 성공리에 마쳤다. 그는 배에 탑승한 선원 한 명이 대서양을 횡단하는 도중에 자기 저서 중 하나를 읽고 있는 것을 보고는 모든 게 순조롭게 진행되고 있다고 생각했다.

이듬해 융이 국제 심리 분석 협회 초대 회장으로 취임했다. 프로이트는 계속해서 정신 분석학을 국제 운동으로 발전시켜 나갔다. 얼마 안 있어 조직에 균열이 생겨나긴 했지만 그래도 그것은 놀라운 업적이었다.

그러나 오랫동안 갈망했던 부와 명성을 얻어서 프로이트가 행복해했는지는 확실하지 않다. 1922년에 그는 동료 정신 분석가 막스 아이팅곤Max Eitingon에게 이렇게 말했다.

"나는 인기에 휩싸이는 게 못마땅했지만, 차분하게 연구를 할 시간과 여가를 빼앗는 여러 사업에 참여한 대가로 물질적인 걱정을 덜게 되었네."

다음은 정신 분석 운동의 초창기에 프로이트 주변에 있던 가장 영향력 있는 인물들이다.

• 카를 아브라함Karl Abraham (1877-1925, 독일)

재능 있는 의대생 아브라함은 스위스의 한 정신 병원에서 오이겐 블로일러, 카를 융과 함께 일했다.

1907년에 융의 소개로 프로이트를 만났고 곧 전문 협력자이자 친구가 되었다. 프로이트는 어느 시점인가부터 그를 '수제자'라고 부르게 된다.

아브라함은 특히 프로이트의 성 심리 발달 이론과 관련이 있다. 그는 카를 융이 프로이트의 정통 학설에 가하는 위협을 가장 먼저 프로이트에게 경고한 사람이었다.

1910년 아브라함은 정신 분석 협회 설립을 도우려고 베를린으로 이사했는데, 거기서 암으로 조기 사망에 이를 뻔하다가 겨우 살아남았으나 나치즘이 대두하면서 피살되었다. 그는 1914년부터 1918년까지 IPA 회장을 역임했고, 1925년에 다시 한 번 회장직을 맡았다.

• 알프레트 아들러Alfred Adler(1870~1937, 오스트리아)

빈에서 활동하는 의사이자 수요 심리학회 창립식에 참석한 프로이트의 초창기 추종자 중 한 명이다. 하지만 프로이트와 그의 관계는 금세 껄끄러워졌다. 야심이 많았던 아들러는 자신의 권리를 내세우며 오이디푸스 콤플렉스 같은 근본적인 개념의 타당성에 의문을 제기했다. 그는 융이 1910년 국제 정신 분석 협회 회장으로 임명되자 불만을 품었다. 그 자리는 자기가 맡아야 한다고 생각했기 때문이다.

협회에서 발행하는 월간 학술지 「정신 분석 중앙 리뷰Central Review of Psychoanalysis」의 공동 편집자인 그는 프로이트가 제안한 빈 정신 분석 학회의 대표직을 거절했다.

그는 1911년에 프로이트와 결별하여 빈 조직의 대표단 아홉 명을 이끌고 나중에 개인 심리학회로 발전하게 될 조직을 세웠다.

• 막스 아이팅곤Max Eitingon(1881~1943, 러시아)

열두 살에 독일로 이주한 아이팅곤은 취리히에서 의학을 전공했고, 블로이어, 융과 함께 일했던 초기 프로이트 추종자 중 한 명이었다. 그는 1908

년에 프로이트에게 정신 분석을 받은 후에 개업의가 되었다.

베를린에서 활동했고 프로이트의 초청을 받았다. 1910년대에 조직이 내분에 휩싸였을 때 프로이트가 추진하는 운동의 전망을 지켜 내는 비밀 위원회에 합류하기 위해서였다.

부유한 집안 출신으로 뛰어난 조직 관리 능력을 인정받은 아이팅곤은 국제 정신 분석 운동의 성장을 뒷받침하는 핵심 역할을 담당했다. 나치가 독일을 장악하자 유대인으로서 위협을 받았고 경제적으로 파산해 팔레스타인으로 이주했으며, 거기서 운동의 또 다른 지부를 설립했다.

아브라함이 죽은 후, IPA 회장을 맡았다.

결정적인 증거는 없지만, 그는 세상을 떠난 뒤 소련의 암살단 소속이었다는 비난을 받았다.

• 산도르 페렌치 Sándor Ferenczi (1873-1933, 헝가리)

빈에서 의과 대학을 졸업한 페렌치는 1908년 프로이트와 힘을 합치기 전부터 이미 신경학자와 정신과 의사로 이름을 날리고 있었다.

그는 환자를 섬세하게 다루는 것으로 유명했기 때문에 모임에서 제기된 까다로운 사례들을 많이 떠맡았다.

1918년부터 1919년까지 IPA 회장을 역임했다. 하지만 1920년대에 들어 그는 몇 가지 중요한 면에서 프로이트와 입장을 달리했다.

프로이트와 달리 그는 환자를 치료할 때 의사의 직접적인 개입이 더 많아야 한다고 주장했던 것이다.

• **어니스트 존스**Ernest Jones(1879-1958, 영국)

웨일스에서 태어난 존스는 신경학 전문의 자격을 취득했다. 정신 질환 치료에 대한 관심이 점점 높아지면서 1903년쯤에 프로이트의 저서를 처음 접했고, 환자를 진료할 때 프로이트의 아이디어를 많이 사용하려고 했다. 1907년에 스위스에서 융과 만났고, 1년 후 잘츠부르크에서 열린 정신 분석 학회의 첫 회의 때 프로이트를 만났다.

존스는 영국으로 돌아가기 전에 캐나다에서 4년 동안 근무했다. 이제 그는 영어권 나라에서 정신 분석학의 선두 주자였다. 1913년에 런던 정신 분석 학회를 세웠고, 6년 후에 영국 정신 분석 학회를 설립했다.

그는 영국의 정신 분석학이 "의학, 문학, 심리학 분야의 관심을 끌어모으는 최전선에 있다."고 프로이트에게 정식으로 보고하곤 했다.

프로이트의 딸 안나를 향한 구애에 프로이트가 사실상 퇴짜를 놓았지만, 그 후에도 그는 수년 동안 프로이트를 헌신적으로 대했다. 안나는 나중에 정신 분석학에서 탁월한 업적으로 명성을 얻게 된다.

존스는 국제 정신 분석 협회 회장(1920-24, 1932-49)을 지냈고, 1938년에는 프로이트를 빈에서 빼돌려 런던에서 자리 잡게 하는 데 한몫했다.

존스는 자신을 프로이트의 연구의 수호자라고 생각하며 정신 분석학이라는 복음을 전파하는 데 일생을 바쳤다. 동시대 사람으로서 프로이트의 일대기 중 하나를 집필하기도 했다.

• **카를 융**Carl Jung(1875-1961, 스위스)

융은 취리히의 정신 병원에서 오이겐 블로일러와 함께 일하며 차츰 이름을 날리게 되었다.

1907년에 프로이트를 처음 만났고 두 사람은 즉시 친해졌다. 특히 프로이트는 융과 블로일러를 이용하면 정신 분석 운동의 국제 위상을 드높일 수 있을 거라고 생각했다. 융과 블로일러는 초기 추종자 중에서 이미 유명인데다가 오스트리아 출신도, 유대인도 아니었기 때문이다. 사실, 프로이트는 융을 아들처럼 생각했고 운동의 후계자로 삼으려고 했지만, 나중에 보게 되듯이 두 사람의 이야기가 해피 엔딩은 아니었다.

• **오토 랑크**Otto Rank(1884-1939, 오스트리아)

랑크는 천재였다. 1905년 겨우 스물한 살이었을 때, 프로이트를 감동시킨 예술가에 관한 에세이로 초창기 빈 정신 분석 학회의 총무로 초빙되었다. 프로이트는 늘 랑크의 연구를 격려해 주었고, 그것은 1911년 최초의 프로이트 관련 박사 논문으로 학위를 받을 때까지 이어졌다. 랑크는 정신 분석학 논문을 쏟아낸 뛰어난 저자였는데, 거의 프로이트와 맞먹을 정도였다. 사실, 그는 사람들에게 스승의 오른팔로 비쳤다. 특히 프로이트와 융의 관계가 틀어진 뒤부터 더 그랬다.

그는 전설, 신화, 문화 분야에 정신 분석 이론을 효과적으로 적용했다. 1915년부터 1918년까지 국제 정신 분석 협회의 사무국장 자격으로 프로이트의 비밀 위원회에 가입했다.

그는 프로이트의 질책을 무릅쓰고 1920년대에 페렌치와 긴밀하게 협력하여, 보다 적극적인 치료법을 실시했다.

1924년에 그는 오이디푸스 콤플렉스의 타당성에 의문을 제기하는 논문을 발표했다. 프로이트 사단에서 다른 목소리가 공공연하게 흘러나온 최초의 사건이었다. 프로이트는 격노했다. 1926년에 랑크는 파리로 떠났고, 파리와 뉴욕에서 여생을 보냈다.

• 한스 작스Hanns Sachs(1881~1947, 오스트리아)

변호사. 그는 비의료 분야 종사자로는 프로이트가 처음 정신 분석학 내부 측근으로 받아들인 사람이었다. 1910년경 주간 모임에 합류했다.

그는 충실한 우군 노릇을 했다. 특히 프로이트가 아들러 및 슈테켈과 갈등을 겪고 있던 시기에 두각을 나타냈다.

1912년에 프로이트의 비밀 위원회에 들어갔고, 같은 해 오토 랑크와 함께 정신 분석학의 비임상적 응용에 초점을 맞춘 잡지 「이마고Imago」의 편집자로 활동했다.

건강이 나빠진 작스는 베를린으로 이주했고, 히틀러의 집권이 확실해지자 1932년에는 아예 미국 보스턴으로 이민을 갔다.

프로이트가 임종 직전 작스에게 다음과 같이 말했다고 한다.

"그렇지, 미국에 적어도 친구 한 명은 두었잖아."

• 빌헬름 슈테켈 Wilhelm Stekel (1868-1940, 오스트리아)

지금의 우크라이나에서 태어난 슈테켈은 1902년 프로이트에게 정신 분석 작업을 요청해 처음 인연을 맺었다. 그는 곧 프로이트의 수요일 저녁 모임에 합류했고, 아들러와 특히 친밀한 우정을 쌓았다.

두 사람은 월간 학술지 「정신 분석 중앙 리뷰」의 감수를 담당했는데, 프로이트는 그들이 자기와 반대되는 입장을 다양하게 펼치자 짜증을 냈다. 슈테켈은 결국 빈 정신 분석 학회에서 물러났다.

어니스트 존스는 슈테켈을 두고 이렇게 말했다.

"슈테켈은 프로이트와 함께 최초의 정신 분석학 단체를 설립한 영예를 얻게 될지도 모른다."

"나의 감정적인 삶은 항상 내가 친한 친구와 싫어하는 적을 가져야 한다고 주장해 왔다."

My emotional life has always insisted that I should have an intimate friend and a hated enemy.

지그문트 프로이트, 《꿈의 해석 The Interpretation of Dreams》, 1899

친구는 곧 적이다

강력한 지지자들을 모으는 데 엄청나게 성공했지만, 프로이트의 삶은 계속된 관계의 파탄으로도 유명했다. 그것은 어렸을 때부터 나타나기 시작했다. 예를 들어, 그의 조카인 존과 어린 시절에 쌓은 우정은 계속되는 불화로 이어졌다. 프로이트는 《꿈의 해석》에서 이렇게 언급했다.

"우리는 서로 좋아했고 다투기도 했다. 어린 시절의 이런 관계는 …… 동시대 사람들과 맺는 모든 후속 관계에 결정적인 영향을 끼친다."

브로이어하고는 매우 생산적인 관계였음에도, 《히스테리 연구》가 상대적으로 덜 성공했고 프로이트가 정신의 근저에 성적 문제가 있다고 점점 더 완강하게 주장했기 때문에 두 사람의 사이는 틀어졌다.

그리고 나서 훨씬 더 파괴적인 충돌이 플리스와의 관계에서 나타났다.

플리스는 프로이트를 몇 년간 후원하고 있었는데, 그 당시 프로이트는 황무지에서 내지르는 일개 목소리밖에 안 될 만큼 존재감이 없는 신세였다. 두 사람은 몇 년 동안 사적인 비밀과 직업상의 비밀을 공유하며 긴밀하게 서신을 주고받다가, 1900년에 직접 만났다. 1902년에는 두 사람 사이에 마지막 편지가 오고 갔다. 의견이 달라 우정에 금이 갔기 때문이다.

플리스는 프로이트가 자신의 연구 업적을 제3자와 공유하고 있다고 철석같이 믿고 있었다. 프로이트는 거세게 항변하며 부인했다. 프로이트의 몇몇 동료가 논문을 발표한 후, 플리스는 자기 논문이 도용되었다고 생각했고, 1906년 자신의 주장을 증명하겠다며 프로이트에게서 받은 편지 몇 통을 공개해 버렸다. 프로이트는 그 사건에 충격을 받았고, 이듬해 수많은 자기 논문에 불을 지르는 것으로 맞대응했다.

초기 멤버들을 암시하는 듯한 기사가 실리자 여러 정신 분석 학회에서 논란이 거세게 들끓었다.

첫 번째 심각한 붕괴는 1911년에 알프레트 아들러와의 관계에서 일어났다. 정신 분석학의 창시자로서, 프로이트는 그 운동이 무엇을 의미하는지 정의하는 것이 자신이 누릴 배타적인 권리라고 생각했고, 기를 쓰고 의견 차이를 드러내려 했다. 그가 아들러에게 던진 독설은 1914년에 집필한 책 《정신 분석 운동의 역사에 관하여On the History of the Psychoanalytic Movement》의 주석에 명백하게 나온다. 그 운동의 과거와 미래에 관한 이야기를 통제하려고 고심했던 시도였다.

"아들러가 꿈을 정신 분석의 특수한 표현으로 불러야 한다고 한 모든 것은 공허하고 의미 없다." (프로이트는 독일 심리학자 알베르트 몰Albert Moll을 비난할 때도 그랬듯이 신랄하게 혹평을 가할 줄 아는 능력이 있었다. "그는 악마처럼 방 안 가득 악취를 풍겼다. 신념이 부족하기도 했고 또 그가 내 손님이었기에 호되게 비난을 퍼붓지는 않았다.")

아들러와 사이가 나빠진 후 슈테켈과도 심한 말다툼이 일어났다. 그 후로 그런 일이 수두룩했지만 무엇보다 프로이트를 화나게 한 일은 융과의 관계가 깨진 것이다.

1913년경, 어니스트 존스는 다른 분쟁을 방지하고, 정신 분석 운동의 명성과 미래를 지켜 내기 위한 최측근 모임(비밀 위원회라고 알려지게 된다)을 만들자고 프로이트에게 제안했다.

프로이트는 흔쾌히 동의했고 초기 멤버로 존스, 카를 아브라함, 산도르 페렌치, 오토 랑크, 한스 작스를 지명했다. 1919년에 막스 아이팅곤이 추가로 가입했다. 최측근 모임은 IPA 운영이 1차 세계 대전의 여파로 상당히 어려움에 처했음에도 10여 년 동안 제 역할을 효율적으로 수행했다. 그러나 1924년 즈음에 랑크와 페렌치가 불화을 겪은 뒤 비밀 위원회는 해체되고 재편되었다. 프로이트의 딸 안나도 영입되었다. 아버지의 영향력을 강력하게 대변하기 위해서였다. 안나는 1982년에 죽을 때까지 아버지의 유산을 보존하고 확장했을 뿐만 아니라 그녀 스스로도 새로운 정신 분석 방법론을 개척하는 데 많이 기여했다.

국제적인 운동(특히 지적 분야의 운동)이 등장하면 일종의 시험을 거치기 마련이다. 그러나 프로이트는 대결 구도에 휘말리는 경우가 유달리 잦았다. 그는 자신의 생각을 세상과 나누고 싶어 했지만, 그 생각들이 자기 통제 아래 유지되어야 한다고 생각했기에, 분쟁은 불가피했다.

"융은 제정신이 아니다. 하지만 나는 사실, 갈라서고 싶지는 않다. 그가 자발적으로 떠났으면 한다."

Jung is crazy, but I really don't want a split; I should prefer him to leave of his own accord.

지그문트 프로이트가 카를 아브라함에게 한 말, 1913

프로이트 대 융

다른 이들보다 훨씬 더 나쁘게 융과 헤어진 까닭은 프로이트가 스위스에 걸었던 큰 기대감 때문이었다. 두 사람의 관계는 처음부터 격렬했다. 1907년에 만난 직후에 융은 프로이트에게 편지를 썼다.

> ……선생님에 대한 제 존경심은 일종의 '종교적 사랑'과도 같은 것입니다. 그것이 정말로 저를 괴롭히지는 않더라도, 저는 여전히 종교적 사랑이 혐오스럽고 우스꽝스럽다고 느낍니다. 거기에는 의심할 나위 없이 에로틱한 것이 깔렸기 때문이죠.
> 이런 끔찍한 느낌은 어린 시절에 한때 열렬히 존경했던 남자가 저를 성폭행했다는 사실에서 비롯되는 겁니다.

프로이트는 1909년까지 외국에서 온 재능 있는 비非유대인 융을 국제 운동의 수장을 맡게 될 자신의 후계자로 점찍었다.

"내가 세운 제국이 고아가 되었을 때, 융 외에는 어느 누구도 이 모든 것을 물려받을 수 없다"고 말했을 정도였다.

프로이트는 온갖 영예로운 자리를 융에게 넘겨주었다.

1908년에 「정신 건강 및 정신 병리학 조사 연보」의 편집장직을, 1909년 미국으로 여행할 기회를, 그리고 1910년에 국제 정신 분석 협회 회장직을 융에게 넘겨준 것이다.

그러나 불화의 조짐은 처음부터 있었다.

융은 프로이트의 성 이론에 항상 의구심을 가졌다. 그는 프로이트가 주장하는 것처럼 성 이론이 심리 발달에 근본적으로 중요한 것인지 확신이 들지 않았다. 프로이트 입장에서는 융의 반대 의견을 무시하거나 적어도 소극적으로 대처할 수밖에 없었다. 그렇게 해서라도 융을 후계자로 키워 나가려는 의도였다.

그러나 1910년에 벌어진 말다툼은 몇 년 후에 융이 본격적으로 펼치는 종말의 서곡이었다. 프로이트는 융을 한쪽으로 데려가서 말했다.

"이보게, 성 이론을 폐기하지 않겠다고 약속하게나. 그게 가장 중요한 거라고. 자네도 알다시피, 우리는 그걸 도그마(정설)로 만들어야 하네. 그렇게 해야 신비주의라는 ……진흙탕 물을 막아낼 튼튼한 방어벽을 구축하는 셈이지."

융은 기가 막혔다.

융이 보기에는, '도그마'란 논의나 반대를 결코 허용하지 않는 명백한 신앙 고백이나 마찬가지였다. 몇 년 후에 융은 이렇게 술회했다.

"하지만 그 일은 과학적 판단과는 아무 관계가 없다. 그저 개인적인 권력에 대한 충동으로 밀어붙였을 뿐이니까."

1912년이 되자 이제 프로이트조차 제자가 자신의 생각에서 심각하게 벗어났다는 점을 무시할 수 없었다. 특히 융은 미국 여행 중에 모든 신경증이 어린 시절의 성적인 문제에 뿌리를 두고 있다는 이론에 의문을 제기했다. 프로이트는 융이 무의식 이론에 반기를 들었고, '아버지'를 죽이려 하는 오이디푸스적인 소망을 드러내고 있다고 믿었다.

한편, 융은 아들러와 슈테켈을 대하는 프로이트의 모습을 보고 혼란에 빠졌다. 또한 그는 정신 분석 운동의 지도자 주변에 점점 개인숭배의 경향이 커진다고 우려하며, 1912년 프로이트에게 말했다.

"학생들을 환자처럼 대하는 선생님의 방법은 잘못되었습니다. 그런 식으로 하면 비굴한 자식 아니면 버르장머리 없는 강아지나 키워 낼 뿐이죠. 저는 선생님의 사소한 속임수를 꿰뚫어 볼 수 있을 만큼 객관적인 사람입니다."

융과 프로이트는 잠시나마 화해했지만, 둘의 관계는 이미 심각하게 손상되어 었다. 프로이트가 1913년에 매우 사변적인 책《토템과 터부: 미개인과 신경증 환자 사이에 정신생활의 유사성에 관하여Totem and Taboo: Resemblance Between the Mental Lives of Savages and Neurotics》를 출간하면서 둘의 관계는 돌이킬 수 없는 사이가 되었다.

프로이트도 그렇게 되리라고 어느 정도 예견했던 것 같다.

이 책에서 프로이트는 정신 분석 방법으로 얻은 지식과 경험을 종교와 인류학 같은 이질적인 분야에 적용하려고 했다. 그것은 융을 불편하게 하려는 전략이었다.

예를 들어, 프로이트는 오스트레일리아 원주민 집단이 같은 토템을 쓰는 사람들끼리는 혼인을 금지하는데 그것은 근친상간의 습성을 막기 위한 방편이라고 주장했다. 그리고 나서 그는 지도자에게 존경과 경멸의 감정이 동시에 생기는 등의, 한 개인이 다른 사람에게 느끼는 감정적 양면성을 감추는 데에 토템과 의례 행위가 어떻게 기능하는지, 신경증 환자와 유사한 방식으로 살펴보았다.

특히 그의 토템주의 기원이 많은 논쟁을 불러일으켰고, 심지어 원시 사회는 '알파 남성' 한 명이 생식 능력을 갖춘 여성들에게 둘러싸여 유지되어 왔다는, 논란의 여지가 많은 다윈주의 이론을 표절하기까지 했다.

프로이트는 알파 남성에게 버림받은 자식들이 존경의 대상이자 두려움의 대상인 아버지를 죽일 마음을 품는다고 주장했다.

그 죄책감에서 벗어나면, 자식들은 아버지를 토템의 형태로 숭배한다는 것이다. 프로이트는 이를 고대 연극에서 따와 오이디푸스 콤플렉스라고 표현했다.

융으로서는 충분히 예측 가능한 일이었다.

1914년에 여러 직책을 사임한 후 그는 자신만의 운동, 즉 전적으로 개인의 정신 탐구에 매진하는 분석적 심리학파를 설립했다. 융의 접근 방식은 자연스럽게 프로이트의 사상과 겹쳤지만 그중 핵심 원칙, 특히 성 이론의 교리를 거부했다.

인간 정신에 대한 이해를 증진시킨다는 점에서, 프로이트와 융은 당대의 두 거인이었다. 두 사람의 분열은 개인적으로는 고통스러웠을지 몰라도, 각자의 독특한 방법론 덕분에 이득을 본 더 넓은 세상에는 축복이었다.

"심리학은 정말 짊어져야 할 십자가일세. 어찌 되었건, 볼링을 하거나 버섯을 채취하는 게 건강에 훨씬 더 좋은 취미 활동이지."

Psychology is really a cross to bear. Bowling or hunting for mushrooms is, in any event, a much healthier pastime.

지그문트 프로이트가 빌헬름 플리스에게 한 말, 1895

인생은 밸런스: 즐거움과 취미 활동

프로이트는 일을 하는 사람이었기에 그가 즐겨 했던 몇몇 취미 활동은 성인이 된 이후 거의 변하지 않는 바쁜 일정에 맞출 수밖에 없었다.

그는 늘 오전 7시에 일어나 약 한 시간 후에 첫 환자를 받았다. 그러고 나서 정오까지 분석 작업을 한 다음, 휴식을 취하며 가족과 점심을 먹었다. 그다음에 인근 지역을 산책하고(항상 담배 가게를 들렀다) 상담실로 돌아와 오후 7시까지 계속 환자를 만났다. 오후 7시에서 9시 사이에 저녁 식사를 하고 산책을 더 하거나 카드놀이를 하거나 카페로 가서 신문을 읽었다. 그러고 나서 연구실에 틀어박혀 편지 또는 논문이나 강의 노트를 정리하다가 자정이 지난 다음에 잠자리에 들었다.

프로이트가 가장 좋아하는 취미 활동은 흡연이었다.

일을 할 때나 한가한 시간에나 상관없이 할 수 있는 것이 바로 흡연이었다. 그는 평생 줄담배를 피워댔다. 깨어나자마자 담배를 피우기 시작해 잠자리에 들 때까지 계속했다. 대개 하루에 시가 스무 대를 피웠다.

언젠가 그는 플리스에게 장난스럽게 말했다.

"하루에 시가 두 대라니! 그 정도면 비흡연자로 볼 수 있지."

열일곱 살 된 조카가 담배를 피우지 않으려고 하자 프로이트는 이렇게 말했다.

"얘야, 흡연이야말로 인생에서 가장 위대하면서도 가장 돈이 안 드는 즐거움이란다. 나는 그저 네가 안됐다는 생각만 들 뿐이야."

스위스 정신 분석 학자 레몽 드 소쉬르는 업무차 프로이트를 만났던 때를 이렇게 묘사했다.

> 안뜰로 통하는 다소 어두운 사무실 분위기가 괜찮았다. 빛은 창문에서 오는 것이 아니라 총명하고 명석한 마음에서 나왔다. 우리의 만남은 그의 목소리와 그 사람이 끊임없이 피워대는 시가 냄새만으로 이루어졌다.

한편, 한스 작스는 프로이트가 "담배를 너무 좋아해서 자기 주변에 있는 남자들이 담배를 피우지 않을 때는 다소 짜증을 냈다. 결과적으로 측근 모임에 참석하는 거의 모든 사람이 시가 애호가가 되고 말았다."고 회상했다.

프로이트는 건강을 해치면서까지 흡연 습관을 바꾸지 못했다.

30대에 심장 질환의 징후가 나타나 플리스가 잠시라도 담배를 끊으라고 설득했지만, 곧 다시 피우기 시작했다.

프로이트는 플리스에게 이렇게 편지를 썼다.

"자네가 만류한 덕분에 7주 동안이나 담배를 피우지 않았네. 예상대로 처음에는 엄청난 불쾌감이 밀려들었지. 금연의 끔찍한 비참함뿐 아니라 가벼운 우울증이 동반되는 심장 질환 증상, 이런 것들 때문에 나는 아예 일도 할 수 없는 무력한 인간이 되고 말았네. 7주 후에 나는 다시 담배를 피우기 시작했어. ……시가 몇 대를 피우고 나자 나는 일할 수 있었고 기분도 조절할 수 있게 되었지. 그전에는 견딜 수 없었다네."

흡연 때문에 암이 그를 덮치더라도 그는 아랑곳하지 않았을 것이다.

습관으로 굳어진 취향

흡연과 관련해서, 오스트리아 정부가 담배 사업을 독점했기 때문에 프로이트에게는 힘든 점이 많았다. 그가 평소에 피우던 담배는 트라부코trabucco로, 오스트리아산 담배 중 가장 작고 맛이 부드러운 최상급 시가였다. 그러나 그는 특히 돈 페드로스와 레이나 쿠바나, 더치 릴리푸타노 등 구입하기 어려운 외국 제품을 선호했다. 만약 그가 여행하면서 해당 제품을 조달하지 못했다면, 국제 조직에 요청해서 담배를 비축해 두었을 것이다.

시가 사랑에 버금가는 프로이트의 취미는 예술 작품과 골동품 수집일 것이다. 알다시피, 프로이트는 열성적인 독서가였지만 다른 예술 장르를 대하는 태도는 엇갈렸다. 1914년에 그는 다음과 같이 썼다.

나는 예술 감식가가 아니라 평범한 사람일 뿐이다. ……그럼에도 불구하고 예술 작품들은 나에게 크나큰 영향을 끼친다. 주로 문학과 조각 작품들이 그렇고, 그만큼은 아니지만 가끔은 그림에도 영향을 받는다. ……나는 오랜 시간이 지나서야 예술 작품을 내 방식대로, 즉 예술 작품

의 영향이 무엇 때문에 일어났는지 스스로에게 설명함으로써 이해하려
고 한다. 음악을 예로 들자면, 나는 음악을 들을 수 없는 곳에는 어떤 즐
거움도 느끼지 못한다.

합리적이거나 분석적인 측면만 가지고는 마음이 동하지도 않을뿐더러,
내가 왜 예술 작품에 영향을 받는지, 또 그것이 나에게 어떤 영향을 끼
치는지 알 수 없다.

정신 분석학의 수장으로서, 프로이트는 초현실주의 운동과 밀접한 관계
에 있었다. 초현실주의 주창자 중 한 명인 앙드레 브르통André Breton은 제1
차 세계 대전 때 수련의로 근무하며 전쟁 신경증을 앓는 군인들을 치료했
는데, 그 무렵 프로이트의 저서를 접하면서 큰 영향을 받았다.

이 두 사람은 1920년대 초에 프로이트의 집에서 불편한 만남을 가졌다.

프로이트는 1932년에 브르통에게 보낸 편지에 다음과 같이 썼다.

이제야 고백하는데, 부디 너그러이 받아들여 주기 바랍니다. 귀하와 귀
하의 친구들이 내 연구에 보여준 관심을 많이 전해 들었지만, 나는 초현
실주의가 무엇이고, 그것이 지향하는 바가 무엇인지 잘 모릅니다. 내가
예술과 너무 거리가 먼 사람인지라 그것을 이해하지 못했을 겁니다.

몇 년 후 런던에서 살바도르 달리를 만난 다음에야 그는 마침내 "알 것 같
다"고 슈테판 츠바이크에게 말했다.

나는 초현실주의자들을 만나보고 싶었지. 그 사람들은 나를 자기네 수호성인으로 점찍은 것 같더군. 진짜 괴짜들이야.(알코올 농도에 빗대어 말하자면 한 95퍼센트 정도 되려나?)
하지만 거리낌 없는 광적인 눈빛과 숙련된 솜씨를 지닌 스페인 젊은이 덕분에 내 생각이 과연 맞는지 다시 생각해 보게 되었네.

프로이트는 다빈치와 미켈란젤로 같은 화가들이 그린 위대한 고전 작품들에 마음이 더 끌렸고, 그런 옛 인물들을 대상으로 정신 분석 작업을 한 논문을 쓰기도 했다. (아쉽게도 레오나르도 다빈치의 생애를 다룬 분석 작업은 반쯤은 허구였다).
하지만 무엇보다도 그는 고대의 문화 유적을 좋아해서 그리스, 로마, 이집트, 중동 등지에서 유물을 3,000점 가까이 수집했다.

그는 또한 트로이의 유적을 발굴했다고 주장하는 고고학자 하인리히 슐리만Heinlich Schliemann이 발견한 것에 각별한 관심을 기울였다.
프로이트는 1938년 런던에 도착한 후 친구에게 이렇게 말했다.
"우리는 아테나의 보호 아래, 당당하고 풍족하게 이곳에 도착했다."
그는 자기가 소유한, 그리스 신화에 등장하는 지혜의 여신이자 해외에 나갈 때 행운의 마스코트 역할도 하는 아테나 동상을 언급한 것이다.

프로이트가 수집을 좋아하는 이유는 몇 년 동안 중요하게 제기되어 오던 문제다. 역사에 대한 학문적 관심과 대상 자체에 대한 미학적 찬미와는 별개로, 수집과 축적은 흔히 자기가 속한 세계를 지배하려는 시도라고 일컬어진다. 그것은 프로이트의 무의식적인 측면이 투영된 습관이었을 것이다. 그는 지식과 진실을 찾아 시간을 거슬러 올라가는 고고학자에게 자연스럽게 호감을 느꼈다.

그는 《일상생활의 병리학》에서 자신의 취미에 대해 따로 한마디 했다.

"뭔가를 잘못 읽는 실수는 종종 휴일에 저지르곤 했는데 ……그때마다 짜증이 나고 어이가 없었다. 나는 어떤 식으로든 '골동품Antiques'이라는 단어를 암시하는 모든 가게의 간판을 읽는다. 이것은 수집가로서 내 관심사가 드러나는 게 분명하다."

프로이트의 평소 취미 생활은 어땠을까?

카드놀이에 관해서라면 그는 카드 78장으로 하는 전통적인 게임인 타록 tarok(표준 52장짜리 카드 한 벌과 26장의 타로 카드)을 좋아했다. 그는 플리스에게 이렇게 말한 적이 있다.

"토요일 저녁에 타록 게임을 질리도록 하고 싶어. ……"

그러나 그의 가장 유별난 취미는 이번 주제의 도입부에 언급한 버섯 채취일 것이다. 프로이트는 여러 종에 걸쳐 버섯 관련 지식이 풍부했다.

그의 아들 마르틴은 나중에 아버지와 함께한 탐험을 이렇게 회고했다.

"아버지는 버섯이 많이 나는 장소를 찾으려고 좀 더 일찍부터 돌아다녔을 것이다. 그리고 나는 아버지가 지표로 사용한 것 중 하나가 바로 흰색 점이 나 있는 화려한 붉은색의 독버섯이었을 거라고 생각한다. ……"

프로이트는 아이들이 기뻐하는 가운데 으슥한 곳에 있는 버섯을 향해 자기 모자를 호들갑스레 던지는 버릇이 있었다. 아이들은 붉은색에 흰 점이 있는 곰팡이를 대하는 아버지의 욕망에 어떤 의미가 있는지 깨닫지 못했을 것이다. 그 버섯은 정신에 작용하는 특징 때문에 유명한, 일명 광대버섯이라고도 부르는 아마니타 무스카리아가 분명했다.

"……나는 우리의 치료 방법이 루르드의 치료 방법과 경쟁할 수 있다고 생각하지 않는다는 점을 덧붙이고 싶다. 무의식의 존재보다 성모 마리아의 기적을 믿는 사람들이 더 많다."

……I should like to add that I do not think our cures can compete with those of Lourdes. There are many more people who believe in the miracles of the Blessed Virgin than in the existence of the unconscious.

지그문트 프로이트,
《새로운 정신 분석 강의New Introductory Lectures on Psychoanalysis》, 1933

프로이트와 종교

종교를 대하는 프로이트의 태도는 이 책의 다른 곳에서도 언급되었지만, 복잡한 특징 때문에 좀 더 유심히 들여다봐야 한다.

프로이트와 종교의 관계에는 두드러지게 나타나는 세 가지 측면이 있다.

첫째, 프로이트의 솔직한 무신론. 그는 단순히 신의 존재를 믿지 않았다.

둘째, 그는 무신론자였지만 그럼에도 불구하고 조직화된 종교가 선과 악에 작용하는 힘으로써 개인과 집단의 정신을 형성하는 데 강력한 힘으로 작용했다는 점을 인정했다.

셋째, 유대교의 신학적 근거를 거부했지만, 그의 정체성은 유대인이라는 의식에서 영향을 받았다.

우선, 무신론에 의거하는 프로이트의 견해를 살펴보자.

그는 《일상생활의 정신병리학》에서 종교를 '외계에 투영시킨 심리학, 그러니까 과학에 의해 무의식의 심리학으로 한 차례 이상 바뀌게 될 초자연적인 실체에 지나지 않는 것'으로 파악했다. 달리 말해, 종교적인 믿음이란 인간의 정신으로 지은 집 같은 것이다.

1907년에 프로이트는 종교적인 믿음을 '보편적인 강박 신경증'이라고 불렀다. 그는 1938년에 찰스 싱어Charles Singer에게 다음과 같이 말했다.

"사생활에서든 글을 쓸 때든 나는 내가 완벽한 무신론자라는 것을 숨긴 적이 없다."

그는 종교가 사회 자체를 규제하는 수단이며, 잠재적인 긴장 요인을 완화시키는 핵심 기능을 한다고 보았다.

예를 들어, 《문명 속의 불만》에서 그는 이렇게 언급했다.

"옛날에 인간은 스스로를 신에 내재된 것으로 보는, 전지전능이라는 이상적인 개념을 만들었다. 그럼으로써 인간의 욕망이 도달하지 못할 것으로 간주되는, 즉 인간에게 금지된 것을 신에게 귀속시켰다. 그렇다면 이런 신은 문화가 만들어 낸 이상적인 존재였다고 말할 수 있다."

더 근본적으로 말하자면, 프로이트는 종교가 여전히 오이디푸스 콤플렉스의 또 다른 표현이라고 믿었다. 인류의 여명기, 즉 무지의 시대에 생긴 각인을 내포고 있다고 생각했기 때문이다.

> 어린아이 같은 무력함과 아버지에 대한 열망에서 종교적 욕구가 파생된 것은 이론의 여지가 없어 보인다. 특히 이런 감정이 어린 시절부터 지속되어 왔을 뿐만 아니라 운명의 우세한 힘에 대한 두려움으로 계속 유지되기 때문이다.

이것은 프로이트가 1910년 레오나르도 다빈치에 대해서 쓴 논문에서 이미 암시했던 주제이기도 했다.

1927년에 출간된 《환상의 미래The Future of an Illusion》에서 프로이트는 종교 관련 이론을 좀 더 자세히 언급한다.

그는 종교가 '외부 및 내부 현실의 실상과 조건을 설명하는 교리 또는 주장'으로 이루어진다고 묘사했다.

"즉 외부 및 내부 현실에서 사람들이 발견하지 못한 것을 말해 주고, 그럼으로써 사람들은 그 교리와 주장에 신빙성을 부여한다."

종교는 다음 세 가지 근거로 신실하게 따를 것을 요구한다.

첫째, 원시 조상들은 이미 그것을 믿었기 때문이다.

둘째, 고대부터 그 증거가 대대로 전해져 내려왔으며,

셋째, 교리의 진위 문제를 제기하는 것은 엄격히 금지되기 때문이다.

프로이트는 종교적인 믿음을 '가장 오래되고, 가장 강력하며, 가장 시급한 인간의 소원'으로 특징지었다. 그는 다음과 같이 썼다.

> 신에게는 세 가지 임무가 있다. 자연에 대한 두려움을 몰아내야 하고, 특히 죽음의 문제에서 드러나듯이 인간이 운명의 잔인함을 받아들이게 해야 한다. 그리고 문명화된 삶이 인간에게 부여한 고통과 궁핍을 보상해야 한다.

프로이트는 종교적인 믿음이 환상의 형태를 띤다고 주장한다.

"소원 성취가 동기를 유발하는 중요한 요인일 때는 믿음을 환상이라고 한다. 그렇게 함으로써 우리는 현실과 맺는 관계를 무시해 버린다. 환상 자체가 증거를 중요하게 여기지 않는 것과 같은 이치다."

그는 종교가 문화나 문명 발전을 거스르는 족쇄 역할을 할 수 있다는 점을 인정하면서도, 조직화된 종교가 개인에게 답답하기 짝이 없는 도덕규범을 강요해 자유사상에 반하는 행위를 한다고 비판했다.

프로이트의 진정한 적

프로이트는 로마 가톨릭 교회에서 지옥을 묘사하는 '불과 유황'이나 가톨릭의 교리에 특히 비판적이었다. 반유대주의에 대한 혐오 역시 늘 같이했다. 나치의 위세가 점점 커져 빈을 탈출할 때까지도 그는 가톨릭 교회를 '나의 진짜 적'으로 삼았다.

하지만 그토록 종교를 증오했어도, 프로이트의 문화적 정체성은 평생 유대인이었다. 예를 들어, 1925년에 그는 "내 부모는 유대인이었고 나 역시 계속 유대인이었다."고 선언했다. 1년 후 그는 "종교가 없어서 좋다."고 고백했지만, '민족적 연대감'은 계속 간직했다. 1930년에는 그것을 더욱 강하게 표현했다.

"내 영혼 어딘가에, 아주 깊숙한 구석진 자리에 광적인 유대인의 기질이 숨어 있다."

그는 《자전적 연구An Autobiographical Study》에서 어린 시절 종교적 가르침이 자신에게 끼친 영향을 인정했다.

"한참 후에야 깨달은 것이지만, 읽기를 깨치자마자 성경 이야기에 깊이 빠져들었던 것이 내 관심 분야에 계속해서 영향을 주었다."

1939년에 프로이트는 「인간 모세와 유일신교」라는 논문을 책으로 펴냈다. 그 논문 때문에 유대교 신앙을 믿는 많은 사람이 상당히 골머리를 앓았다. 역사적인 사건을 검토하는 데 정신 분석 기법을 사용하여, 프로이트는 모세가 히브리인이 아니라 고대 이집트 귀족 출신이며 일신교를 신봉하던 이집트의 오랜 관습을 타파한 파라오 아케나텐Akhenaten의 추종자였을 거라고 주장했다. 모세가 히브리 사람들을 안전하게 이끌었던 게 아니라, 사실은 자기 시종들만 데리고 빠져나왔으며, 후에 그 시종들이 반란을 일으켜 모세를 죽였다는 것이다. 아버지 같은 존재를 살해한 죄의식에 사로잡힌 그들은 나중에 메시아 이야기를 발전시켰고 이스라엘인의 대변자 모세의 귀환을 간절히 바랐다.

'유대인다움'에 대한 프로이트의 태도는 브네이 브리스B'nai B'rith(19세기 중반에 설립된 유대인 친목 단체) 구성원들에게 보낸 메모에 가장 잘 요약되어 있다.

"유대인과 나를 엮어주는 것은 신앙도 아니요, 민족적 자긍심도 아니다. 내가 늘 종교를 안 믿었던 까닭은 종교 없이 자랐기 때문이 아니라, 이른바 인류 문명의 '윤리적' 요구 사항을 어느 정도 존중하기 때문이다."

한편, 신을 대하는 태도는 1915년 선언에 다음과 같이 요약되어 있다. "나는 신을 경외하지 않는다고 덧붙이겠다. 만약 신과 내가 만난다면, 신이 나를 책망하기보다 오히려 내가 그를 책망할 것이다."

"오래 끌지 않고 제명대로 살다 죽다니, 이 얼마나 부러운 일인가."

How enviable not to have outlived oneself.

지그문트 프로이트가 빈의 유명한 외과 의사의 사망 소식을 접하고 빌헬름 플리스에게 한 말, 1984

자기 방식대로 죽기

마지막 25년 남짓한 프로이트의 삶은 두 차례의 세계 대전 때문에 사회적으로 격변이 일어난 데다 개인적으로 소송까지 겹쳐져 점점 더 우울감에 젖어드는 세월이었다. 그는 꾸준히 일을 많이 했다. 그가 노령과 질환을 무릅쓰고 유지했던 에너지는 놀라웠다. 그러나 피로가 만연한 느낌은 부인할 수 없다. 《문명 속의 불만》에서 인간의 진보에 대해 언급한 그의 말을 들어 보자.

"끝으로, 죽음을 구원으로 받아들일 정도로 인생이 힘들고, 즐거움도 없고, 고통으로 가득 차 있다면, 오래 사는 게 다 무슨 소용인가."

1922년 아르투어 슈니츨러에게 보낸 글에서는 이렇게 말했다.

"자네 역시 이제 예순 번째 생일을 맞았군. 자네보다 여섯 살 더 많은 나는 조만간 인생의 막바지에 접어들면서 다소 이해하기 힘들고 늘 재미있지는 않은 희극의 5막이 끝나는 것을 보게 되겠지."

1915년에 「전쟁과 죽음에 관한 고찰」을 집필하면서, 그는 "근본적으로, 아무도 자신의 죽음을 믿지 않는다. 무의식에서도 같은 일이 벌어지는데, 각자가 자기는 죽지 않을 거라고 믿는다."고 말했다.

그러나 죽음이 눈앞에 다가오자(특히 암 진단을 받은 1923년 이후), 프로이트는 자신의 암울한 미래를 냉정하게 받아들인 것 같다. 예를 들어, 다음과 같은 모습들이다.

1929년에 막스 슈어Max Schur는 프로이트의 절친한 친구이자 환자이기도 한 마리 보나파르트(그녀 자신이 유명한 정신 분석가다)의 추천으로 주치의가 되었다. 그들이 처음 만났을 때, 프로이트는 슈어에게 다짐을 두었다.

"그때가 되면, 쓸데없이 고통에 시달리지 않게 해 주게."

1938년에 프로이트는 82세였고 건강 상태가 상당히 안 좋았다.

얼마 후 독일과 오스트리아의 추가 합병 조치가 이루어졌다.

히틀러와 그의 추종자들이 정신 건강에 해롭다고 여기는 유대인 지식인이자 이론가인 프로이트는 위태로운 처지에 놓이게 되었다. 게슈타포가 그의 집과 사무실을 급습하고 사랑하는 딸 안나를 체포한 것이다.

지인들은 기회를 봐서 프로이트와 그의 가족을 런던의 안전한 곳으로 피신시키기로 했다.

보나파르트와 어니스트 존스가 그 구출 활동에 큰 역할을 했다. 더할 나위 없이 옳은 결정이었다. 오스트리아에 잔류했던 프로이트의 누이 네 명은 홀로코스트 와중에 결국 죽고 말았다.

프로이트가 인생의 말년에 영국으로 망명한 것은 급작스레 벌어진 상황이었다. 하지만 놀랍게도, 그는 있는 힘을 다해 새로운 인생을 시작하려고 했다. 그중 하나는 계속 연구하며 책을 펴내고, 품격을 갖춘 공인으로서의 역할을 받아들이는 것이었다. 그는 런던 자택에서 명사들의 환대를 받았다. 그중에는 작가이자 미래학자인 H. G. 웰스가 있었는데, 그는 프로이트가즉시 영국 시민권을 받을 수 있도록 캠페인을 벌였다.

살바도르 달리는 슈테판 츠바이크가 주선한 만남에서 자신의 영웅 중 한 명을 만날 기회를 얻었다. 츠바이크는 달리를 '우리 시대에 하나뿐인 천재 화가'이자 '프로이트 사상을 받아들인 예술가들 중에서 가장 신망 있고 고마운 제자'라고 소개했다. 사람들 말에 따르면, 달리가 파리에서 여행할 때, 달팽이 요리를 먹으면서 새로운 사실을 깨달았다고 한다.

"프로이트의 형태학적 비밀을 알아낸 것은 바로 그 순간이었죠! 프로이트의 두개골은 달팽이다! 하고 말이죠. 그 양반의 뇌는 나선형이고 바늘로 뽑아냅니다!"

비록 영어나 독일어로 말하지는 않았지만 달리의 회고에 따르면, 그와 프로이트는 '서로를 뚫어지게 바라보았다'고 했고, 두 사람 모두 그것을 성공적인 만남이라고 여겼다.

블룸즈버리그룹(영국의 지식인과 예술가 모임)의 상징과도 같은 버지니아 울프와 레너드 울프와의 만남도 마찬가지였을 것이다.

레너드는 자서전에서 그 만남이 '쉬운 인터뷰'가 아니었다고 하며 이렇게 회고했다.

"그를 보고 나는 반쯤 활동을 멈춘 화산 같은 느낌을 받았다. 침울하고 뭔가에 억눌리고 수줍어하는 것 같다고 할까. 그런데도 아주 친절했고 …… 그 이면에 담긴 거대한 힘까지 전해졌다."

임종이 가까워지면서, 동시대 사람들은 프로이트를 20세기의 위대한 인물 중 한 사람으로 떠받들었다. 비록 자기 조국을 등진 사람이긴 하지만 이런저런 만남 또는 그 비슷한 모임을 통해 프로이트를 인정할 수밖에 없었다는 점은 적절한 평가일 것이다. 영원한 외부인이었지만 마침내 문화의 주류로 받아들인 것이다.

프로이트와 함께 런던으로 이주한 막스 슈어는 1939년에 아예 프로이트의 집으로 들어가 살았다. 주치의로서 할 일이 많아졌기 때문이다.

독일이 폴란드를 침공해 제2차 세계 대전이 발발하고 나서 3주 후인 그해 9월 21일, 프로이트는 의사를 한쪽으로 데려갔다.

"슈어 군, 자네도 우리가 처음 만났을 때 나눈 이야기를 분명히 기억하고 있을 게야. 그때 자네는 '그때'가 오면 날 포기하지 않겠다고 약속했지만, 이제 그것은 고문일 뿐이네. 부질없는 짓이야."

슈어는 프로이트와 합의해 모르핀 주사를 연달아 놓았다.

9월 23일 오전 3시에 프로이트는 숨을 거뒀다. 그의 재는 마리 보나파르트가 마련한 그리스제 유골함에 안치되었다.

프로이트는 자기 죽음에 대해서 어느 정도는 통제권을 행사했다.

그가 제명대로 살았다고 생각했는지 그 여부는 결코 알 수 없을 것이다.

"오, 그것을 더 많이 알고 이해했다면 인생이 매우 흥미진진했을 텐데."

Oh, life could be very interesting if we only knew and understood more about it.

지그문트 프로이트가 아르놀트 츠바이크에게 한 말, 1932

프로이트가 남긴 유산

프로이트가 세상을 떠난 지 75년 넘게 흘렀지만, 그는 여전히 논란을 불러일으키는 인물이다. 그와 동시대 사람들은 대부분 인간의 정신을 선구적으로 탐험했다는 프로이트의 핵심 가치를 의심하지 않았다.

1918년에 산도르 페렌치는 프로이트에게 이렇게 말했다.

"희망이 우리를 저버려서 인류가 자기 무의식의 희생자로 마지막까지 남아 있더라도, 우리는 꾸준히 그 이면에 숨어 있는 것을 보아 왔습니다. ......"

12년이 지난 후 아르놀트 츠바이크는 프로이트에게 장담하듯이 말했다.

"정신 분석은 모든 가치를 뒤바꾸었고, 기독교를 정복했으며, 진정한 적 그리스도를 드러냈으며, 금욕적인 이상으로부터 부활의 정신을 해방시켰습니다."

저명한 수학자 겸 철학자 버트런드 러셀 역시 프로이트의 저서에서 영원한 가치를 발견한 사람이었다.

1933년에 러셀은 《정통에 관하여On Orthodoxies》에서 이렇게 언급했다.

"프로이트를 읽었을 때 나는 그의 글들이 얼마나 합리적이며, 사이비 지

식인들 사이에서 프로이트 학설로 통하는 것보다 얼마나 온화한지 알게
되어 놀랐다."

그러나 프로이트는 오랫동안 이어진 반발의 정점에 있기도 하다.

《미학, 심리학, 그리고 종교적인 믿음에 관한 강의와 대화Lectures and
Conversations on Aesthetics, Psychology, and Religious Belief》(1967)에 쓴 루트비히 비트
겐슈타인의 논평은 신랄했다.

"나는 프로이트에게서 지혜를 얻으려고 한 적이 없다. 그는 똑똑했을지언
정 지혜롭지는 않았다."

프로이트를 과학을 빙자한 사기꾼이라고 무시하는 사람들도 있다.

1995년 시카고 대학의 조너선 리어Jonathan Lear는 이렇게 언급했다.

"저명한 학자 대다수는 프로이트가 자신의 중요한 몇몇 사례를 망쳐 놓았
다고 생각한다. 확실히, 그의 가설 중 많은 것이 틀렸다. 그의 분석 기법
은 어설프고 때로는 주제넘게 끼어드는 것처럼 보일 수 있다. 그리고 그
는 다소 멋대로 추측을 했다……."

일부는 과학적 타당성이 결여된 프로이트의 사상이 심리적 장애를 겪는
사람들에게 잘못 적용되어 수천 명에게 피해를 입혔다고 주장하기까지
한다. 1914년에, 이름을 밝히지 않은 미국의 어느 비평가는 "정신 분석은
환자들의 의식, 좀 더 빈번하게는 잠재의식과 무의식을 타락시키는 짓이
다. …… 정신 분석 …… 그것은 사회를 위협한다."고 말했다.

한 세기가 지난 지금, 그 말이 일리가 있다고 생각하는 사람들이 많다.

하지만 그것은 프로이트에게 부당한 일이다. 물론, 그가 내린 결론 중에는 분명히 결함이 많고 현대의 신경 과학이 그것을 증명한다. 하지만 어느 누구도 무의식, 성적 욕구, 꿈 같은 것들이 정신 발달에 중요한 역할을 한다는 것을 의심하지 않는다.

프로이트는 그런 것들에 정당성을 부여했고 그 덕분에 좀 더 과학적인 방법으로 탐구하는 것이 가능해졌다. 그는 결정적인 첫걸음을 내디디며 길을 낸 것이다.

꿈이 우리 내면의 삶의 비밀을 모두 드러내지 않는 것처럼, 자아, 이드, 초자아의 상호 작용으로 우리의 행동을 예측할 수는 없겠지만, 프로이트가 촉발시킨 아이디어들은 우리의 일상생활에 구조적으로 스며들었다. 그것들은 우리의 언어, 예술, 문화에 영향을 주고, 결국 우리의 마음속에 저장된다. 누군가 말실수를 하거나, 거대한 남근 같은 건물이 세워지거나, 젊은 여성이 자기 아버지뻘 되는 나이 든 남자의 팔에 안겨 술집에 들어갈 때, 프로이트의 이름이 스쳐 지나간다.

프로이트는 과학보다 문화와 철학에 오랫동안 기여해 왔다.

버지니아 대학의 영문학 교수이자 《지그문트 프로이트의 죽음The Death of Sigmund Freud》의 저자인 마크 에드먼슨Mark Edmundson은 이렇게 말했다.

"내 생각에, 프로이트는 사랑, 정의, 좋은 정부, 죽음 같은 중요한 문제를 다루었던 몽테뉴, 새뮤얼 존슨, 쇼펜하우어, 니체와 어깨를 나란히 할 만한 작가다."

한편 조너선 리어는 1995년 판《뉴 리퍼블릭New Republic》에 이렇게 썼다.

> ……프로이트는 인간의 조건을 규명하는 심오한 탐험가로서, 소포클레
> 스까지 거슬러 올라가 플라톤, 성 아우구스티누스, 셰익스피어를 거쳐
> 프루스트와 니체까지 이어지는 전통을 기반으로 일을 했다.
> 이런 전통을 하나로 묶는 것은, 즉각적인 인식의 이면에 놓인 인간의 행
> 복에 중요한 의미가 있다는 주장이다.
> 프로이트는 무의식의 의미를 다루는 과정을 열어 놓았다.
> 이제 그를 우상화하거나 폄하하기 위해 어떤 경직된 증상처럼 그에게
> 달라붙지 않는 것이 중요하다.

마지막 한마디만 남기자.

프로이트는 자기를 비난하는 사람들에게 늘 이런 식으로 대응했다.

"그들은 낮에는 내 학설에 욕을 퍼붓겠지만, 장담하건대, 밤에는 그에 관
한 꿈을 꿀 것이다."

참고 문헌

프로이트는 방대한 양의 책과 수필을 집필했는데, 현재 여러 버전으로 나와 있다. 다음은 프로이트의 주요 저작들이다.

- 히스테리 연구 Studies on Hysteria (1895, 요제프 브로이어 공저)
- 꿈의 해석 The Interpretation of Dreams (1899, 출간 연도 1900)
- 꿈에 관하여 On Dreams (1901)
- 일상생활의 정신 병리학 The Psychopathology of Everyday Life (1901)
- 농담과 무의식의 관계 Jokes and Their Relation to the Unconscious (1905)
- 성욕에 관한 세 편의 에세이 Three Essays on the Theory of Sexuality (1905)
- 히스테리아에 대한 분석의 단편 Fragment of an Analysis of a Case of Hysteria (1905, 도라의 경우)
- '품위 있는' 성도덕과 현대의 신경 질환 'Civilized' Sexual Morality and Modern Nervous Illness (1908)

- 5세 소년의 공포증 분석 Analysis of a Phobia in a Five-Year-Old Boy (1909)
- 강박 신경증 발생 시 주의 사항 Notes Upon a Case of Obsessional Neurosis (1909)
- 토템 및 터부 Totem and Taboo (1913)
- 나르시시즘에 대한 소개 On Narcissism: An Introduction (1914)
- 정신 분석 운동의 역사에 관하여 On the History of the Psychoanalytic Movement (1914)
- 전쟁과 죽음에 관한 고찰 Reflections on War and Death (1915)
- 정신 분석 입문 Introductory Lectures on Psychoanalysis (1917)
- 애도와 멜랑콜리 Mourning and Melancholia (1917)
- 쾌락 원칙을 넘어서 Beyond the Pleasure Principle (1920)
- 자아와 이드 The Ego and the Id (1923)
- 자전적 연구 An Autobiographical Study (1925)

- 환상의 미래 The Future of an Illusion(1927)

- 문명 속의 불만 Civilization and Its Discontents(1930)

- 왜 전쟁인가? Why War?(1933)

- 모세와 일신교 Moses and Monotheism(1939)

- 정신 분석학 개요 An Outline of Psychoanalysis(1940)

프로이트의 생애와 업적을 다룬 수많은 책 중에서 초심자에게 도움이 될 도서는 다음과 같다.

- 마크 에드먼슨, 지그문트 프로이트의 죽음: 파시즘, 정신 분석학, 그리고 근본주의의 대두 Edmundson Mark, The Death of Sigmund Freud: Fascism, Psychoanalysis and the Rise of Fundamentalism, Bloomsbury(1988)

- 피터 게이, 프로이트: 우리 시대의 삶 Gay Peter, Freud: A Life for Our Time, J. M. Dent & Sons Ltd.(2007)

- 어니스트 존스, 지그문트 프로이트의 생애와 업적 Jones Ernest, The Life and Work of Sigmund Freud, Basic Books(1953)

- 피터 D. 크레이머, 프로이트: 현대 정신의 발명가 Kramer Peter D., Freud: Inventor of the Modern Mind, HarperCollins(2006)

- 애덤 필립스, 프로이트 되기: 정신 분석학자 만들기 Phillips Adam, Becoming Freud: The Making of a Psychoanalyst, Yale University Press(2014)

- 데이비드 스태퍼드-클라크, 프로이트가 진짜 한 말 Stafford-Clarke David, What Freud Really Said, Penguin(1965)

- 랠프 스테드먼, 지그문트 프로이트 Steadman Ralph, Sigmund Freud, Paddington Press ,Paddington Press(1979)

천재인가, 사기꾼인가? 독보적인 어느 인간의 초상

심리학자 겸 프로이트 학자인 존 킬스트롬은 이렇게 말했다. "아인슈타인이나 왓슨과 크릭보다도, 히틀러나 레닌, 루스벨트나 케네디, 피카소와 엘리어트, 혹은 스트라빈스키보다도, 비틀스나 밥 딜런보다도 현대 문화에 프로이트가 끼친 영향력이 심오하고 오래 지속되었다."

오이디푸스 콤플렉스, 전이, 무의식, 억압, 자유연상, 리비도……모두 프로이트에게서 비롯되어 대중의 의식 속으로 스며든 개념이나 기법으로서, 현대인의 생활에서 그가 제시한 개념들을 떼어 내기는 어렵다. 그는 1939년에 사망했지만 세상은 여전히 그에게 끊임없이 관심을 쏟는다. 이를 반영하듯 프로이트에 관련된 책도 다종다양하다. 현재 판매 중인 국내 도서만 수백 권이 검색되니 전 세계적으로는 헤아리기 어렵다.

한편, 프로이트 시대 이후 정신 분석학은 크게 발전했다. 그가 발표한 이론 가운데는 지나치게 소수의 환자를 표본으로 하여 결과를 일반화한 경우가 많았으며 후학들에 의해 숱한 오류가 발견되었으니 이제 그를 정신 분석학자나 의사가 아니라 문화적인 아이콘으로 보아야 한다는 의견도 있다. 그에 대한 평가가 엇갈리지만 중요한 것은 프로이트는 결코 낡은 이론의 창시자라고 무시할 수 없는 존재이며, 인간의 무의식과 정신세계에 관심을 가진 사람이라면 반드시 짚고 넘어가야 할 인물이라는 사실이다. 그는 신경학과 심리치료, 그리고 우리가 인간의 정신을 바라보는 관점을 재정의했다. 프로이트 이전과 이후로 인간을 바라보는 방식 자체가 확실하게 달라졌기에 그는 정신 분석과 심리학을 넘어 철학과 문학, 신학, 교육학 등 여러 분야에서 완전히 새로운 관점을 제시한 학자로 평가받는다.

이 책은 프로이트가 태어난 가정환경부터 정신 분석학의 아버지가 되기까지 전 생애를 다루고 있으며, 간결한 언어로 핵심을 제시한다. 독자는 프로이트가 누구이고 어떻게 자신의 길을 찾아갔는지 확실하게 알 수 있으며 그가 진료한 환자들의 사례를 통해 그의 이론을 구체적으로 접할 수 있다. 무엇보다도 갈등하고 고뇌하며 한 생애를 살아 냈던 인간 프로이트를 만나게 된다. 나치즘의 소용돌이 속에서 유대인으로서 겪은 수모, 어머니의 총애를 받아 가난한 가정에서도 남다른 지원을 받았던 아들에서 진로를 고민하는 의대생 시절을 거쳐 가장이 되고 가족들을 부양하기 위해 항상 돈 걱정에 시달리던 시기, 그리고 학자로서 정신 분석학의 중심에 서기까지의 지난한 과정을 따라가면서 환자의 사례들을 적절히 삽입하여 프로이트의 이론에 대한 이해를 돕는다. 프로이트의 개인 생활은 복잡하고 흥미진진하며, 독특한 환자들의 사례는 더욱 알고 싶은 호기심을 유발한다. 저자는 프로이트의 업적을 과대평가하지 않으면서도 그가 보였던 천재성도 놓치지 않고 소개하는 균형 감각을 보이는데, 아마도 프로이트 입문서로는 이만큼 이해하기 쉽고 독자에게 친근한 책이 드물 것이다. (유사한 관점을 내세우더라도 이 책 몇 배의 분량에 달하는 책이라면 흥미보다 부담감을 느끼기 쉽다.)

개인적으로 나는 사람의 내면에 관심이 많다. 또한 강박적인 사고를 동반한 산후 우울증을 지독하게 겪은 경험이 있어서 심리학이나 정신 분석 관련 주제에 유독 눈길이 간다. 흥미로운 것은 시간이 지나며 치유되었으나 내게 희미하게 남아 있던 강박적인 사고가 이 책의 환자 치유 사례를 번역하며 어느새 사라졌다는 것이다. 수년간 지속된 생각이 사라진 것을 우연이라고 보지는 않는다. 정신과 전문의라면 이 현상을 어떻게 설명할지 모르겠으나, 내가 보기에는 이 책을 번역하면서 인간이 때로는 얼마나 비합리적이고 모순적이 될 수 있는지를 발견하고 내가 비정상이라고 생각했던 편견이 깨졌기 때문인 것 같다.

인간의 정신이라는 미지의 세계를 진지한 학문이자 과학의 세계로 이끌었던 사람, 프로이트가 어떠한 사람이며 과연 그는 어떻게 사고하고 판단했는지 탐구하는 길에서 반드시 읽어볼 만한 흥미로운 책이다. 누가 알겠는가? 이 책이 앞으로 당신을 얼마나 깊은 세계까지 이끌고 갈지…….

2019년 늦은 봄에, 김현경

How to Think Like Sigmund Freud
First published in Great Britain in 2017 by
Michael O'Mara Books Limited
9 Lion Yard Tremadoc Road London SW4 7NQ
Copyright © Michael O'Mara Books Limited 2017

Korean language edition © 2019 by KEUMDONGBOOKS
Korean translation rights arranged whit Michael O'Mara Books Limited
through EntersKorea Co.,Ltd., Seoul, Korea.

프로이트: 아웃사이더의 심리학

초판 1쇄 인쇄 2019년 7월 16일
초판 1쇄 발행 2019년 7월 26일

지은이 다니엘 스미스
옮긴이 김현경

펴낸이 박혜수
책임편집 최여진
디자인 최효희 정예진
관리 이명숙
마케팅 정윤화

펴낸곳 마리서사 **출판등록** 2014년 3월 25일 제300-2016-123호
주소 경기도 고양시 일산동구 호수로446번길 8-10, 1층
전화 02)334-4322(대표) **팩스** 031)907-4260 **홈페이지** www.keumdongbooks.com
페이스북 facebook.com/marieslibrary **블로그** blog.naver.com/marie1621

값 15,000원
ISBN 979-11-89921-12-5 03100